QUESADILLAS KOKEBOK FOR HVERDAGEN

100 DEILIGE OG KREATIVE QUESADILLAS Å LAGE HJEMME

Adam Berge

Alle rettigheter forbeholdt.

Ansvarsfraskrivelse

Informasjonen i denne e-boken er ment å tjene som en omfattende samling av strategier som forfatteren av denne e-boken har forsket på. Sammendrag, strategier, tips og triks anbefales kun av forfatteren, og å lese denne e-boken vil ikke garantere at ens resultater nøyaktig vil speile forfatterens resultater. Forfatteren av e-boken har gjort alle rimelige anstrengelser for å gi oppdatert og nøyaktig informasjon til leserne av e-boken. Forfatteren og dens medarbeidere vil ikke holdes ansvarlige for eventuelle utilsiktede feil eller utelatelser som kan bli funnet. Materialet i e-boken kan inneholde informasjon fra tredjeparter. Tredjepartsmateriale omfatter meninger uttrykt av deres eiere. Som sådan påtar ikke forfatteren av e-boken seg ansvar eller ansvar for tredjepartsmateriale eller meninger. Enten på grunn av utviklingen av internett, eller uforutsette endringer i selskapets retningslinjer og redaksjonelle retningslinjer for innsending, kan det som er oppgitt som faktum på tidspunktet for skriving bli utdatert eller ubrukelig senere.

E-boken er copyright © 202 2 med alle rettigheter reservert. Det er ulovlig å omdistribuere, kopiere eller lage avledet arbeid fra denne e-boken helt eller delvis. Ingen deler av denne rapporten kan reproduseres eller retransmitteres i noen form for reprodusert eller retransmittert i noen form uten skriftlig uttrykt og signert tillatelse fra forfatteren.

INNHOLDSFORTEGNELSE

INNHOLDSFORTEGNELSE..3
INTRODUKSJON..7
TORTILLAS FOR QUESADILLA...8

    1. MAISTORTILLAS _..9
    2. MANDELMEL-TORTILLAS..11
    3. NIXTAMAL..13
    4. BLÅ MAIS TORTILLAS..16
    5. FRITERTE MAISMELKAKER..18
    6. GORDITAS OG SOPES..21
    7. GRUNNLEGGENDE MELTORTILLAS...25
    8. GLUTENFRI MEL TORTILLAS...28
    9. BRUN RIS TORTILLAS..31
    10. SØTPOTET- ELLER GRESSKARMEL-TORTILLAS....................................34
    11. TORTILLAS MED SVARTE BØNNE..37
    12. BRUN RIS TORTILLAS..40
    13. TORTILLAS MED BLANDET KORN..43
    14. HIRSE OG QUINOA TORTILLAS...46
    15. MEL TORTILLAS...49
    16. MANDELMEL-TORTILLAS..51
    17. VEGANSK TACO...54
    18. KORIANDERMELTORTILLAS..57

VAFFELT QUESADILLA...60

    19. GRØNN CHILE VAFFEL QUESADILLAS...61
    20. VAFFELT CHORIZO-OST QUESADILLA...63
    21. SANTA FE PØLSE VAFFEL QUESADILLA..66

FROKOST QUESADILLA...69

    22. FROKOST QUESADILLA..70
    23. OSTEAKTIG POBLANO OG BACON QUESADILLA..................................72
    24. CHEESY VEGGIE QUESADILLAS..75
    25. BQ - AND- OG VILLSOPP-QUESADILLA...78
    26. RASKE OG SÆRE QUESADILLAS...81

QUESADILLAS I HJEMMESTIL **83**

27. SPINAT COTTAGE CHEESE QUESADILLA 84
28. EPLE OG OST QUESADILLAS 87
29. POTET QUESADILLA 90
30. QUESADILLAS, PIADINE OG PITA-SMØRBRØD 93
31. QUESADILLAS PÅ GRESSKARTORTILLAS 96
32. GRILLET SAUEOST QUESADILLAS 100
33. CHILE OG OST FORRETT TERTE 102
34. KYLLING OG OST QUESADILLAS 104
35. GARBANZO QUESADILLAS (QUESADILLAS DE GARBANZO) 106
36. VARM OG KRYDRET KYLLING QUESADILLAS 108
37. LANDONS QUESADILLAS 111
38. PINTO BØNNE OG FETA QUESADILLAS 114
39. GRILL QUESADILLAS 117
40. ITALIENSKE QUESADILLAS 120
41. UMULIG QUESADILLAPAI 123
42. POTET OG STEKT RØD PEPPER QUESADILLAS 125
43. RASKE KYLLING QUESADILLAS 128
44. REFRIED BØNNE OG MAIS QUESADILLAS 131
45. RØKT OKSEBRYST QUESADILLAS 134

AUTENTISKE MEXIKANSKE QUESADILLAS **136**

46. QUESADILLA LUCHITO-STIL 137
47. BØNNE- OG SVINEKJØTT-QUESADILLAS 140
48. KREMET KYLLING QUESADILLAS 143
49. TOFU-TAHINI VEGGIE WRAPS 146
50. DEKONSTRUERTE HUMMUS PITAS 149
51. VEGANSKE MIDDELHAVSWRAPS 152
52. VEGANSK SHAWARMA 155
53. SPRØ VEGANSKE RUNDSTYKKER 158
54. VEGANSKE FYLTE KÅLRULLER 161
55. VEGANSKE NORI-RULLER 164
56. KARRIED TOFU PITAS 167
57. HUMMUS VEGGIE WRAP 170
58. RAINBOW VEGGIE WRAPS 173
59. QUESADILLAS MED SALSA 175
60. BØNNE OG OST QUESADILLAS 178
61. BEEF CRUNCH 181
62. KYLLINGPESTO 184

63. Fersken og fløte dessert taco 187
64. Spinat quesadillas 190
65. Villsvinspølse quesadillas m rød salsa 193
66. Quesadilla lasagne 196
67. Søtpotet quesadillas 199
68. Tomat og ost quesadillas 202
69. Aubergine, rødløk og geitost quesadilla 205

DIPS 208

70. Soltørkede tomater Pålegg 209
71. Hummus drømmer 211
72. Quesadillasaus / dip 213
73. Rom-eplefyll 216
74. Gresskarfylling 219
75. Søt mascarpone 222
76. Crème anglaise 224
77. Meksikansk karamellsaus 227
78. Ananassaus 230
79. Frukt pico 232
80. Avokado kjærlighet 234
81. Pimiento-pålegg til smørbrødfyll 236
82. Tofu smørbrød pålegg 239
83. Veggie smørbrød pålegg 242
84. Indisk linsepålegg 245
85. Kikertsandwichpålegg 247
86. Karribønnepålegg 249
87. Salat Sandwich Spread 252
88. Tofuna smørbrød 255
89. Koriander saus 257
90. Meksikansk grønn sofrito 260
91. svinekjøtt i meksikansk stil 263
92. Grønnsaksdip 265
93. Vallarta dukkert 267
94. Frisk urtetomat-mais salsa 270
95. White Bean Guacamole 272
96. Søt og sur stekt paprika 274
97. Chutney-karri sennep 277
98. Sennep med sjalottløk og gressløk 279
99. Frisk ingefær sennep 281

100. Solfylt sennep med sitrus..283
KONKLUSJON..285

INTRODUKSJON

En quesadilla er en meksikansk rett som består av en tortilla som først og fremst er fylt med ost, og noen ganger kjøtt, krydder og annet fyll, og deretter tilberedt på en takke eller komfyr. Tradisjonelt brukes en maistortilla, men den kan også lages med en meltortilla.

En full quesadilla lages med to tortillas som holder et lag med ost mellom seg. En halv er en enkelt tortilla som har blitt fylt med ost og brettet til en halvmåneform.

Quesadillaen har sin opprinnelse i det koloniale Mexico. Quesadillaen som rett har endret seg og utviklet seg over mange år ettersom folk har eksperimentert med forskjellige varianter av den.

Quesadillas selges ofte på meksikanske restauranter over hele verden.

TORTILLAS FOR QUESADILLA

1. Maistortillas _

Gjør 12 tortillas

INGREDIENSER

2 kopper (240 g) masa harina, hvit eller gul

2 til 3 ss (16 til 24 g) universal, ubleket eller (18 til 27 g) glutenfritt mel (valgfritt)

1/2 ts salt

11/4 til 11/3 kopper (285 til 315 ml) varmt vann (mer etter behov) eller smakstilsatt væske

VEIBESKRIVELSE

I en middels bolle, visp eller rør sammen masa og mel, hvis du bruker, og salt.

Tilsett gradvis vannet og bland med en tresleiv eller spatel og hendene til ingrediensene er godt blandet. Elt i 20 til 30 sekunder til deigen er smidig. Deigen skal være fuktig nok til å holde sammen. Tilsett ekstra varmt vann, 1 ss (15 ml) om gangen, om nødvendig.

Del deigen i 12 kuler på størrelse med golfballer, form med hendene. Legg hver deigball i en bolle og dekk med et fuktig håndkle for å holde seg fuktig.

Trykk eller rull hver deigball med en manuell tortillapresse eller kjevle og stek på 2 varme kokekar eller takke. Eller press og rist med en elektrisk tortillapresse/brødrister.

.

2. Mandelmel-tortillas

Steketid: 5 minutter

Porsjoner: 8

INGREDIENSER

100 g malt blanchert mandelmel

4 ss kokosmel

1 ts xantangummi

1 ts bakepulver

1/2 ts salt

1 egg, ved romtemperatur, pisket

4 ss lunkent vann

VEIBESKRIVELSE

1.Tilsett egg, mandelmel, kokosmel, xantangummi, bakepulver, salt og vann i en blender og kjør til den er blandet. Pakk deigen inn i en plastfolie og avkjøl i minst 10 minutter.

2. Kle begge sider av tortillapressen med bakepapir eller Ziploc-poser.. Form deigen til kuler, legg dem i tortillapressen en etter en.. Trykk for å danne tortillas..

3.Forvarm et støpejern over middels varme.. Tilsett tortillas en etter en og stek i ca 15-20 sekunder per side..

3. Nixtamal

Gjør 2 pund (910 g) nixtamal eller masa, omtrent 16 tortillas

INGREDIENSER

2 kopper (448 g) tørket bulkemais (se sidefelt), skylt og drenert

2 ss (12 g) kalsiumhydroksid, også kalt "cal" (lesket eller syltet lime)

6 kopper (1,4 L) lunkent vann

1 ts salt

VEIBESKRIVELSE

1. Kombiner mais, cal og vann i en stor kjele over lav varme. Kok opp, ca 30 til 45 minutter. Vannet må varmes sakte. Så snart vannet koker, slå av varmen og la stå over natten, 18 til 24 timer, ved romtemperatur.

2. Tøm den bløtlagte maisen i et stort dørslag. Skyll godt med kaldt vann.

3. Fyll en dyp bolle eller stor panne med kaldt vann. Tilsett bløtlagt mais. Bruk hendene til å gni maisen i vannet og fjern skrogene. Hell av vannet for å fjerne eventuelle flytende skrog. Fyll på med vann for å dekke maisen, gni maisen og hell av vannet. Gjenta 7 til 10 ganger for å skrelle av maisen. Når vannet renner klart eller nesten klart, er oppdraget fullført. Ikke tøm den siste gangen. På dette tidspunktet har du posole. Posole brukes i meksikanske gryteretter.

4. For masa: Mal den avskallede maisen til en jevn, fin teksturert deig (nixtamal) ved hjelp av en manuell eller elektrisk kvern, metate eller foodprosessor.

5. For å lage masa med en foodprosessor, bruk en hullsleiv til å drenere halvparten av overflødig væske og legg halvparten av den bløtlagte maisen i arbeidsbollen utstyrt med knivblad. Puls 10 til 15 ganger. Tilsett resterende mais og puls 10 til 15 ganger. Tilsett 1 til 2 ss (15 til 28 ml) vann fra maisen. Puls ytterligere 8 til 10 ganger. Skrap bollen etter behov mellom pulsering. Tilsett 1 til 2 spiseskjeer (15 til 28 ml) vann og salt. Puls til en deig begynner å dannes.

6. Vend ut på et brett, elt et par ganger, og form til en ball. Pakk inn med plast og la stivne i 30 minutter. Bryt i 42 g biter og form til 16 kuler.

7. Trykk hver deigball med en tortillapresse.

8. Stek på en varm kokel eller takke.

9. Eller press og rist med en elektrisk tortillapresse/brødrister.

10. Hold varmt til all deigen er brukt.

4. Blå mais tortillas

Gjør 12 tortillas

INGREDIENSER

2 kopper (240 g) blå mais masa harina

2 til 3 ss (16 til 24 g) universal, ubleket eller (18 til 27 g) glutenfritt mel (valgfritt)

1/2 ts salt

11/4 til 11/3 kopper (285 til 315 ml) varmt vann (mer etter behov)

VEIBESKRIVELSE

1 I en middels bolle, visp eller rør sammen masa og mel, hvis du bruker, og salt.

2 Tilsett vannet. Bland med en tresleiv eller slikkepott og hendene til alle ingrediensene er godt blandet. Elt i 20 til 30 sekunder til deigen er smidig. Deigen skal være fuktig nok til å holde sammen. Tilsett varmt vann, 1 ss (15 ml) om gangen, om nødvendig.

3 Del deigen i 12 kuler på størrelse med golfballer, form med hendene. Legg hver deigball i en bolle og dekk med et fuktig håndkle for å holde seg fuktig.

4 Trykk eller rull hver deigball med en manuell tortillapresse eller kjevle og stek på en varm kokebolle eller takke. Eller press og rist med en elektrisk tortillapresse/brødrister.

5 Hold varmt til all deigen er brukt.

5. Friterte maismelkaker

Gir 4 porsjoner

INGREDIENSER

2 kopper (240 g) gult, hvitt eller blått maismel

1 ts salt

1 kopp (235 ml) kokende vann

Olje til steking

VEIBESKRIVELSE

1 Kombiner maismel og salt i en stor miksebolle. Rør gradvis inn det kokende vannet. Deigen skal være fuktig nok til å holde en form, men ikke for myk. La deigen avkjøles nok til å håndtere, ca 5 minutter.

2 Del deigen i 12 kuler på størrelse med golfballer, form den med hendene.

3 Bruk hendene til å flate ut hver deigball til 13 mm tykk brød. Mens oljen varmes opp, dekk karbonadene med et fuktig håndkle.

4 Varm 13 mm olje i en elektrisk stekepanne til 190 °C, eller bruk en tung stekepanne over middels høy varme og et godteri-/steketermometer.

5 Bruk en hullspatel og skyv forsiktig 2 til 3 maismelkatter inn i den varme oljen. Stek på den ene siden til den er gylden, 3 til 5 minutter. Snu og stek til begge sider er gylne, ytterligere 3 minutter.

6 Tøm på tørkepapir. Holde varm. Gjenta til alle karbonadene er stekt.

7 Når du er klar til servering, varm opp 13 mm (1/2 tomme) olje i en tykk stekepanne over middels høy varme til 375 °F (190 °C). Legg bøffene med flat side ned i den varme oljen og stek lett til de er sprø og gylne, ca 1 minutt på hver side. Fjern fra oljen, renn av på tørkepapir og hold den varm. Gjenta til alle karbonadene er stekt.

6. Gorditas og sopes

Gjør 12 gorditas eller sopes

INGREDIENSER

2 kopper (240 g) masa harina

1 ts salt

1 ts vanlig eller glutenfritt bakepulver (unnlat for sopes)

11/2 (355 ml) kopper vann

1/2 kopp (103 g) smult eller vegetabilsk matfett eller 1/3 kopp (80 ml) vegetabilsk olje eller (75 g) fast kokosolje

Vegetabilsk olje, til steking av sopes

VEIBESKRIVELSE

1 Forvarm en stekeplate over middels varme til 350°F (180°C) eller i henhold til produsentens anvisninger hvis du bruker en elektrisk press/brødrister.

2 I en stor miksebolle, kombiner masaen, saltet og bakepulveret (hvis du bruker det til gorditas), visp eller rør for å blande godt.

3 I en liten kjele på middels varme, bland vannet og smult eller olje. Varm opp for å smelte smultet. Sett til side av varmen til avkjøling til lunken før du blander med de tørre ingrediensene

4 Tilsett gradvis den lunkne væsken til de tørre ingrediensene og elt i ca 3 minutter. Deigen skal ha konsistens som Play-Doh, formbar og glatt, men med nok elastisitet til å holde formen.

5 Del deigen i 12 runder på størrelse med golfballer.

FOR GORDITAS

1 For hånd, eller ved hjelp av en presse, form kulene til 13 mm (1/2-tommer) tykke bøffer eller gorditas, ca. 4 tommer (10 cm) i diameter. Dekk til med et fuktig håndkle for å unngå uttørking. (Se her for detaljer om bruk av manuell presse eller elektrisk presse/riste. Ikke press så tynt som for tortillas.)

2 Smør den forvarmede kokelen eller stekepannen lett.

3 Rist gorditaene på middels varme i totalt 10 til 12 minutter, snu etter behov for å forhindre overbruning. De skal blåse litt under koking. Gorditas bør koke sakte slik at innsiden ikke er for deig. Utsiden skal ha lysebrune flekker.

4 La avkjøles i ca. 5 minutter for enklere håndtering. Server vanlig eller delt med en kniv (som du ville gjort en pita eller engelsk muffins).

FOR SOPES

1 Gjenta retningslinjene 1 til 5 på forrige side.

2 For hånd eller ved hjelp av en elektrisk presse, form kulene til 12 (1/3-tommers [8 mm] tykke) bøffer eller sopes. Dekk til med et fuktig håndkle for å unngå uttørking. (Se her for detaljer om bruk av manuell presse eller elektrisk presse/pannen.) Ikke press så tynt som for tortillas. Sopes bør være ca 4 tommer (10 cm) i diameter.

3 Smør den forvarmede kokelen eller stekepannen lett.

4 Plasser hver sope på den oljede, forvarmede stekepannen og stek i ca. 1 minutt eller til deigen begynner å stivne. Ikke

overkok ellers tørker deigen og sprekker. Snu og stek i ytterligere 20 til 30 sekunder.

5 Bruk en slikkepott og fjern de ferdigkokte soppene fra stekepannen. Dekk tortillasene med et tørt kjøkkenhåndkle og avkjøl i 30 til 45 sekunder eller til de akkurat er avkjølt nok til å håndtere dem forsiktig. Snu kantene raskt – før de avkjøles for mye – for å danne en kant med leppe, som en terteskorpe, for å holde på fyllene. Dekk til med et tørt håndkle og gjenta til alle sopes er ferdigkokte og formet. Dette kan gjøres opptil 3 eller 4 timer frem i tid.

6 Når du er klar til servering, varm opp 13 mm (1/2 tomme) olje i en tykk stekepanne over middels høy varme til 375 °F (190 °C). Legg sopene med flat side ned i den varme oljen og stek lett til de er sprø og gylden, ca 1 minutt på hver side. Fjern fra oljen, renn av på tørkepapir og hold den varm. Gjenta til alle sopes er stekt.

7. Grunnleggende meltortillas

Gjør 12 (6-tommers [15 cm]) tortillas

INGREDIENSER

2 kopper (250 g) hvitt universalmel, (240 g) ubleket mel, eller (240 g) finmalt fullkornshvetemel (eller en kombinasjon)

1 ts bakepulver (valgfritt)

1 ts salt

1/2 kopp (103 g) fast smult eller grønnsaksfett eller 1/3 kopp (68 g) ferskt smult, (80 ml) vegetabilsk, mais- eller olivenolje (eller ønsket) eller (75 g) fast kokosolje

1 kopp (235 ml) varmt vann (vist her for å lage smaksatt meltortillas)

VEIBESKRIVELSE

1 I en stor bolle, rør sammen mel, bakepulver og salt. Bruk en konditorkutter eller arbeidsbolle fra en kjøkkenmaskin utstyrt med et blad, skjær inn smult til blandingen ligner grove smuler. Hvis blandingen virker for tørr, tilsett ekstra fett eller smult, etter behov.

2 Tilsett det varme vannet sakte, rør eller pulserende, for å danne en deigkule. Elt deigen lett i bollen 30 ganger eller etter behov for å danne en smidig, ikke klissete deig. Eller ta deigen ut av kjøkkenmaskinens arbeidsbolle og elt på et lett melet bord.

3 Legg den eltede deigen i en bolle eller på et bakverk. Dekk til med et rent kjøkkenhåndkle og la hvile i 1 time. Dette er et

godt stoppested hvis du vil servere ferske tortillas senere. Deigen kan hvile i 4 til 6 timer hvis den er tett dekket med et lag plastfolie og et håndkle for å forhindre uttørking. Må ikke avkjøles.

4 Klyp av biter og form deigen til 12 jevnstore kuler. Dekk til med et rent kjøkkenhåndkle og la hvile i ytterligere 20 til 30 minutter.

5 Når det er på tide å gjøre ferdig tortillasene, rull hver deigbolle til de er veldig tynne (ikke tykkere enn innbundet omslag på en bok, tynnere hvis du kan) med en kjevle. Draper over sidene av en bolle og hold dekket med et håndkle mens du ruller ut hver tortilla.

6 Stek på en varm stekeplate eller takke. Eller press og rist med en elektrisk tortillapresse/brødrister.

7 Hold varmt til all deigen er brukt.

8. Glutenfri mel Tortillas

Gjør 12 (6-tommers [15 cm]) tortillas

INGREDIENSER

2 kopper (272 g) glutenfritt mel

1 ts glutenfritt bakepulver (valgfritt)

1 ts salt

1/2 kopp (103 g) smult eller grønnsaksfett, eller 1/3 kopp (68 g) ferskt smult, (80 ml) vegetabilsk, mais, olivenolje (eller ønsket) eller (75 g) fast kokosolje

1 kopp (235 ml) varmt vann

VEIBESKRIVELSE

1 I en stor bolle, rør sammen mel, bakepulver og salt. Bruk en konditorkutter eller arbeidsbolle fra en kjøkkenmaskin utstyrt med et blad, skjær inn smult til blandingen ligner grove smuler. Hvis blandingen virker for tørr, tilsett ekstra fett eller smult, etter behov.

2 Tilsett det varme vannet sakte, rør eller pulserende, for å danne en deigkule. Elt deigen lett i bollen 30 ganger eller etter behov for å danne en smidig, ikke klissete deig. Eller ta deigen ut av kjøkkenmaskinens arbeidsbolle og elt på et lett melet bord.

3 Legg den eltede deigen i en bolle eller på et bakverk. Dekk til med et rent kjøkkenhåndkle og la hvile i 1 time. Dette er et godt stoppested hvis du vil servere ferske tortillas senere. Deigen kan hvile i 4 til 6 timer hvis den er tett dekket med et

lag plastfolie og et håndkle for å forhindre uttørking. Må ikke avkjøles.

4 Klyp av biter og form deigen til 12 jevnstore kuler. Dekk til med et rent kjøkkenhåndkle og la hvile i ytterligere 20 til 30 minutter.

5 Når det er på tide å gjøre ferdig tortillasene, rull hver deigbolle til de er veldig tynne (ikke tykkere enn innbundet omslag på en bok, tynnere hvis du kan) med en kjevle. Draper over sidene av en bolle og hold dekket med et håndkle mens du ruller ut hver tortilla.

6 Stek på en varm stekeplate eller takke. Eller press og rist med en elektrisk tortillapresse/brødrister.

7 Hold varmt til all deigen er brukt.

9. Brun ris tortillas

Gjør 12 (6-tommers [15 cm]) tortillas

INGREDIENSER

1 1/2 kopper (240 g) brunt rismel

1/2 kopp (60 g) tapiokamel

1/2 ts salt

1 kopp (235 ml) kokende vann

Vegetabilsk olje etter ønske

VEIBESKRIVELSE

1 I en middels miksebolle, visp sammen brun ris og tapiokamel og salt.

2 Bruk en tresleiv og bland gradvis inn det kokende vannet for å danne en deig. Elt deigen i bollen 20 ganger. Tilsett vann, 1 ss (15 ml) om gangen, hvis deigen føles for tørr.

3 Dekk til med et fuktig håndkle og la hvile i 10 minutter.

4 Klyp av biter og form deigen til 12 jevnstore kuler. Dekk til med et fuktig kjøkkenhåndkle.

5 Rull hver deigball til den er veldig tynn (ikke tykkere enn innbundet omslag på en bok, tynnere hvis du kan) med en kjevle. Eller press med en manuell tortillapresse. Draper over sidene av en bolle og hold dekket med et fuktig håndkle mens du ruller ut eller presser hver tortilla.

6 Varm opp en stekeplate over middels høy varme. Når stekepannen er varm nok til å få noen dråper vann til å "danse"

og umiddelbart fordampe, belegg den varme overflaten sjenerøst med vegetabilsk olje. Stek tortillasene 1 til 2 minutter på hver side til lyse brune flekker vises. Gjenta, tilsett mer olje etter behov, til alle tortillasene er kokt.

7 Hold varmt til all deigen er brukt.

8 Når alle tortillaene er kokt, hold i en tortillavarmer eller stable mellom to tallerkener. La stå og dampe i ca 10 minutter så de blir myke og smidige.

Foreslått bruk: Huevos Rancheros med grønn posole, Quesadillas fylt med grillede eller sauterte grønnsaker og stekt chili.

10. Søtpotet- eller gresskarmel-tortillas

Gjør 12 (6-tommers [15 cm]) tortillas

INGREDIENSER

2 kopper (250 g) hvitt universalmel, (240 g) ubleket mel, eller (240 g) finmalt fullkornsmel (eller en kombinasjon av disse)

3 ts (14 g) bakepulver

1 ts salt

1/2 kopp (103 g) smult eller vegetabilsk matfett eller 1/3 kopp (80 ml) vegetabilsk, mais eller olivenolje (eller ønsket) eller (75 g) fast kokosolje

3/4 kopp (246 g) søtpotetmos (hermetisert eller fersk) eller (184 g) gresskarpuré (hermetisk eller fersk)

VEIBESKRIVELSE

1/2 kopp (120 ml) varmt vann, pluss ekstra etter behov

1 I en stor bolle, rør sammen mel, bakepulver og salt.

2 Bruk en konditormikser, gaffel eller to kniver og bland inn smult eller matfett til melet ser ut som grove smuler.

3 Tilsett gradvis søtpotet eller gresskar og varmt vann, rør med en tresleiv, for å danne en deigkule.

4 For å lage deigen med en foodprosessor utstyrt med et blad, kombinerer du de tørre ingrediensene i arbeidsbollen. Tilsett smult, pulser til blandingen minner om grove smuler. Hvis

blandingen virker for tørr, tilsett ekstra fett eller smult etter behov. Tilsett gradvis søtpotet eller gresskar og vann, pulser til en deigkule.

5 Når deigen er dannet, elt deigen lett i bollen 30 ganger eller etter behov for å danne en smidig, ikke klebrig deig. Eller fjern deigen fra kjøkkenmaskinens arbeidsbolle og elt på et lett melet bord som ovenfor. Hvis deigen er for klissete, tilsett mer mel etter behov.

6 Legg den eltede deigen i en bolle eller på et bakverk. Dekk til med et rent kjøkkenhåndkle og la hvile i 1 time. Dette er et godt stoppested hvis du vil servere ferske tortillas senere. Deigen kan hvile i opptil 4 til 6 timer hvis den er tett dekket med et lag plastfolie og et håndkle for å forhindre uttørking. Må ikke avkjøles.

7 Klyp av biter og form deigen til 12 jevnstore kuler. Dekk til med et rent kjøkkenhåndkle og la hvile i ytterligere 20 til 30 minutter.

8 Når det er på tide å gjøre ferdig tortillasene, rull hver deigball til den er veldig tynn (ikke tykkere enn innbundet omslag på en bok, tynnere hvis du kan) med en kjevle. Draper over sidene av en bolle og hold dekket med et håndkle mens du ruller ut hver tortilla.

9. Stek på en varm kokel eller takke. Eller press og rist med en elektrisk tortillapresse/brødrister.

11. Tortillas med svarte bønne

Gjør 12 (6-tommers [15 cm]) tortillas

INGREDIENSER

1/3 kopp (47 g) svart bønnemel

1/2 kopp (64 g) maisstivelse

2 ss (16 g) tapiokamel

1/2 ts salt

2 egg, lett pisket

11/2 kopp (355 ml) vann

Spray vegetabilsk olje etter behov

VEIBESKRIVELSE

1 I en middels bolle kombinerer du svart bønnemel, maisstivelse, tapiokamel og salt.

2 Bruk en visp og pisk inn egg og vann til røren er klumpfri. Røren blir skikkelig tynn. Sett til side i 25 til 30 minutter for å tykne.

3 Forvarm en 6- eller 8-tommers (15 til 20 cm) crepepanne til 375 °F (190 °C). En panne med nonstick-overflate er å foretrekke. Eller dekk innsiden av bunnen og sidene av en panne lett med kokespray før du tilbereder tortillaen.

4 Når pannen er forvarmet, hell 1/4 kopp (60 ml) røre i pannen, virvling for å fordele røren jevnt og lage en rund, tynn tortilla. Kok i 45 sekunder til 1 minutt eller til røren stivner.

5 Bruk en slikkepott og snu tortillaen akkurat lenge nok til å steke den andre siden til den er lysebrun. Fjern til et ark med vokspapir. Fortsett med gjenværende røre, separer hver tortilla med et ark vokspapir. Hold varm til den skal serveres.

Foreslått bruk: Rull som mel Tortilla "Crepes" fylt med eggerøre og toppet med New Mexico Red Chile Sauce.

12. Brun ris tortillas

Gjør 12 (6-tommers [15 cm]) tortillas

INGREDIENSER

1 1/2 kopper (240 g) brunt rismel

1/2 kopp (60 g) tapiokamel

1/2 ts salt

1 kopp (235 ml) kokende vann

Vegetabilsk olje etter ønske

VEIBESKRIVELSE

1 I en middels miksebolle, visp sammen brun ris og tapiokamel og salt.

2 Bruk en tresleiv og bland gradvis inn det kokende vannet for å danne en deig. Elt deigen i bollen 20 ganger. Tilsett vann, 1 ss (15 ml) om gangen, hvis deigen føles for tørr.

3 Dekk til med et fuktig håndkle og la hvile i 10 minutter.

4 Klyp av biter og form deigen til 12 jevnstore kuler. Dekk til med et fuktig kjøkkenhåndkle.

5 Rull hver deigball til den er veldig tynn (ikke tykkere enn innbundet omslag på en bok, tynnere hvis du kan) med en kjevle. Eller press med en manuell tortillapresse. Draper over sidene av en bolle og hold dekket med et fuktig håndkle mens du ruller ut eller presser hver tortilla.

6 Varm opp en stekeplate over middels høy varme. Når stekepannen er varm nok til å få noen dråper vann til å "danse" og umiddelbart fordampe, belegg den varme overflaten sjenerøst med vegetabilsk olje. Stek tortillasene 1 til 2 minutter på hver side til lyse brune flekker vises. Gjenta, tilsett mer olje etter behov, til alle tortillasene er kokt.

7 Hold varmt til all deigen er brukt.

8 Når alle tortillaene er kokt, hold i en tortillavarmer eller stable mellom to tallerkener. La stå og dampe i ca 10 minutter så de blir myke og smidige.

13. Tortillas med blandet korn

Gjør 12 tortillas

INGREDIENSER

2/3 kopp (80 g) tapiokamel

2/3 kopp (107 g) rismel

1/3 kopp (45 g) sorghummel

1/3 kopp (40 g) bokhvetemel

1/2 ts glutenfritt bakepulver

3/4 ts xantangummi

1 kopp (235 ml) varmt vann

1/3 kopp (68 g) søtt rismel, eller etter behov

Vegetabilsk olje etter ønske

VEIBESKRIVELSE

1 I en stor bolle kombinerer du tapioka, ris, sorghum og bokhvetemel, bakepulver og xantangummi.

2 Bruk en tresleiv, rør gradvis inn det varme vannet, og bland til deigen danner seg. Hvis deigen er for klissete til å danne en ball, tilsett søtt rismel med en spiseskje (13 g) for å oppnå en myk, ikke klissete deig som holder formen.

3 Del deigen i 12 jevnstore biter. Rull for å danne kuler i golfballstørrelse. Tilbake i bollen og dekk med et fuktig håndkle.

4 Dryss kjevleflaten og en deigbolle lett med rismel. Rull hver deigbolle til de er veldig tynne (ikke tykkere enn innbundet på en bok, tynnere hvis du kan) med en kjevle. Eller press med en manuell tortillapresse.

5 Varm opp en stekeplate over middels høy varme. Når stekepannen er varm nok til å få noen dråper vann til å "danse" og umiddelbart fordampe, belegg den varme overflaten sjenerøst med vegetabilsk olje.

6 Når oljen er varm, skyv inn en tortilla. Flytt den til å belegge bunnen med olje; snu og flytt den for å belegge den siden.

7 Kok til tortillaen begynner å bli brun, ca 2 til 3 minutter. Snu og stek til den andre siden begynner å bli brun, ytterligere 3 til 4 minutter. Tilsett ekstra olje etter behov for å koke de resterende tortillasene.

8 Hell av på tørkepapir og hold varmt til all deigen er brukt.

14. Hirse og quinoa Tortillas

Gjør 12 tortillas

INGREDIENSER

1/2 kopp (60 g) hirsemel

1/2 kopp (56 g) quinoamel

1 kopp (120 g) tapiokamel

1 ts glutenfritt bakepulver

1 ts xantangummi

1 ts salt

1 ss (20 g) honning eller agavesirup

1/2 kopp (120 g) varmt vann

4 ss (103 g) matfett eller smult

VEIBESKRIVELSE

1 Kombiner hirse, quinoa og tapiokamel, bakepulver, xantangummi og salt i en elektrisk mikserbolle eller en mellomstor bolle. Bruk en elektrisk mikser på lav hastighet eller visp for hånd for å kombinere de tørre ingrediensene

2 Hvis du bruker en elektrisk mikser, tilsett honning eller agave, varmt vann og matfett eller smult, bland til en deig danner seg rundt vispene. Bland deigen på middels hastighet i ytterligere ett minutt. Eller, hvis du gjør det for hånd, bruk en tresleiv til å

røre inn de våte ingrediensene, bland til en myk ball. Elt 10 til 20 ganger. Deigen blir litt klissete og spenstig.

3 Pakk deigen godt inn i plastfolie og avkjøl i 30 til 45 minutter.

4 Etter avkjøling deler du deigen i 12 like deler, og form hver til en ball. Legg tilbake i bollen og dekk til med et fuktig håndkle for å forhindre uttørking.

5 Rull hver deigball til den er veldig tynn (ikke tykkere enn innbundet omslag på en bok, tynnere hvis du kan) med en kjevle. Eller press med en manuell tortillapresse. Draper over sidene av en bolle og hold dekket med et fuktig håndkle mens du ruller ut eller presser hver tortilla.

6 Varm opp en stekeplate over middels høy varme. Når stekepannen er varm nok til å få noen dråper vann til å "danse" og umiddelbart fordampe, belegg den varme overflaten sjenerøst med vegetabilsk olje. Stek tortillasene 1 til 2 minutter på hver side. Gjenta, tilsett mer olje etter behov til alle tortillasene er kokt.

7 Hold varmt til all deigen er brukt.

8 Når alle tortillaene er kokt, hold i en tortillavarmer eller stable mellom to tallerkener. La stå og dampe i ca 10 minutter så de blir myke og smidige.

15. Mel Tortillas

Steketid: 5 minutter

Porsjoner: 10-13

INGREDIENSER

450 g universalmel

3 ss kald grønnsaksfett

1 ts salt

2 ts bakepulver

375 ml vann

VEIBESKRIVELSE

1.Bland mel, salt, bakepulver og grønnsaksfett i en bolle.. Bland godt med hendene til alt er blandet..

2.Tilsett sakte vann og elt deigen med hendene.. Mel skal trekke til seg væsken, du skal få en jevn deig..

3. Form deigen til kuler, legg dem i tortillapressen en etter en. Trykk for å danne tortillaene..

Forvarm en støpejernspanne over middels varme.. Tilsett tortillas en etter en og stek i ca 30-40 sekunder per side..

16. Mandelmel-tortillas

Steketid: 5 minutter

Porsjoner: 8

INGREDIENSER

100 g malt blanchert mandelmel

4 ss kokosmel

1 ts xantangummi

1 ts bakepulver

1/2 ts salt

1 egg, ved romtemperatur, pisket

4 ss lunkent vann

VEIBESKRIVELSE

1.Tilsett egg, mandelmel, kokosmel, xantangummi, bakepulver, salt og vann i en blender og kjør til den er blandet. Pakk deigen inn i en plastfolie og avkjøl i minst 10 minutter.

2. Kle begge sider av tortillapressen med bakepapir eller Ziploc-poser.. Form deigen til kuler, legg dem i tortillapressen en etter en.. Trykk for å danne tortillas..

3.Forvarm et støpejern over middels varme.. Tilsett tortillas en etter en og stek i ca 15-20 sekunder per side..

17. Vegansk taco

Steketid: 15 minutter

Porsjoner: 6

INGREDIENSER

260 g masa harina til tortillas

250 ml varmt vann

2 ss vann, ved romtemperatur

VEIBESKRIVELSE

1.Bland masa harina og varmt vann i en bolle.. Dekk til og la hvile i ca 30 minutter..

2.Elt deigen, tilsett romtemperert vann.. Elt til du får en jevn deig..

3.Kled begge sider av tortillapressen med bakepapir eller Ziploc-poser.. Form deigen til kuler, legg dem inn i tortillapressen en etter en.. Trykk for å danne tortillaene..

4.Forvarm et støpejern over middels varme.. Tilsett tortillas en etter en og stek i ca 15-20 sekunder per side..

5.Forvarm olje i en panne på middels varme.. Tilsett løk og jalapeno og stek i ca 5 minutter..

6. Tilsett bønner med væsken i en kjele og kok i ca 2-3 minutter på middels varme, rør ofte.

7. Fordel bønnene på toppen av hver tortilla, tilsett chorizo og tilsett løkjalapenoblanding på toppen.. Server toppet med koriander..

18. Koriandermeltortillas

Steketid: 15 minutter

Porsjoner: 12

INGREDIENSER

256 g frisk koriander, hakket

2 kopper (255 g) universalmel

32 g smult, hakket

1 ss vegetabilsk olje

1 ts kosher salt

VEIBESKRIVELSE

1. Kok opp ca 1. 2. L vann i en kjele på middels varme. . Kok koriander i vann i 1 minutt.. Tøm koriander og la igjen ¾ kopp kokevann..

2. Bland kokevann, koriander og salt i blenderen til en jevn blanding, la avkjøles..

3. Tilsett mel og smult i en bolle og bland godt.. Tilsett vegetabilsk olje og tilsett deretter ½ kopp koriandervann for å danne deigen. Legg deigen på en arbeidsflate og elt i 5-7 minutter.. La hvile i ca 30 minutter..

4. Form deigen til kuler, legg dem i tortillapressen en etter en.. Trykk for å danne tortillas..

5.Forvarm en støpejernspanne over middels varme.. Tilsett tortillas en etter en og stek i ca 30-40 sekunder per side..

VAFFELT QUESADILLA

19. Grønn Chile vaffel Quesadillas

UTBYTTE: Gir 2 quesadillas

INGREDIENSER

Nonstick matlagingsspray

4 mel tortillas

1 kopp revet meksikansk ost, for eksempel queso Chihuahua eller Monterey Jack

¼ kopp hakket hermetisert grønn chili

VEIBESKRIVELSE

Forvarm vaffeljernet på medium. Dekk begge sider av vaffeljernet med nonstick-spray.

Plasser en tortilla på vaffeljernet og, pass på at vaffeljernet er varmt, fordel halvparten av osten og halvparten av den grønne chilien jevnt over tortillaen, og la en margin på en tomme eller så rundt kanten av tortillaen. Topp med en annen tortilla og lukk vaffeljernet.

Sjekk quesadillaen etter 3 minutter. Når osten er smeltet og tortillaen har gyllenbrune vaffelmerker er den klar. Fjern quesadillaen fra vaffeljernet.

20. Vaffelt Chorizo-ost Quesadilla

Utbytte: 2 til 4 porsjoner

INGREDIENSER

1 lime, juicet

1/4 liten rødløk, i tynne skiver

Klyp kosher salt

1 ts vegetabilsk olje, pluss flere børstetortillas

2 gram fersk chorizosalat, fjernet fra tarmene

Fire 6- til 8-tommers meltortillas

2/3 kopp strimlet cheddar

Salsa, rømme og hakket avokado, til servering

VEIBESKRIVELSE

Kombiner limejuice, løk og salt i en liten ikke-reaktiv bolle, vend av og til. La stå i romtemperatur til løken er rosa, ca 15 minutter.

Varm oljen i en middels nonstick-gryte over middels høy varme. Tilsett chorizoen og kok opp med en tresleiv til den er brun, ca 3 minutter.

Forvarm et vaffeljern til middels høy. Pensle den ene siden av 2 tortillas med olje og legg tørrsiden opp på en arbeidsflate. Strø hver med 1/3 kopp ost, deretter syltet løk. Smørbrød med de resterende tortillaene og pensle toppene med olje.

Legg 1 quesadilla i vaffeljernet, lukk forsiktig (ikke trykk ned) og stek til den er gyldenbrun og osten er smeltet, 4 til 6 minutter. Gjenta med den resterende quesadillaen. Skjær quesadillaene i terninger og topp med chorizo. Server med salsa, rømme og avokado.

21. Santa fe pølse vaffel quesadilla

Utbytte: 5

INGREDIENSER

1 boks med kyllingpølser (10 lenker)

10 tortillaskjell

1 dusin egg

1/4c paprika (i terninger)

1/4c løk (i terninger)

1 1/2c Monetary Jack Cheese eller Cheese of Choice

Avokado i skiver til pynt

Chipotle Ranch eller Salsa for dipping

VEIBESKRIVELSE

I en stor panne, rør eggene dine med terninger av paprika, løk og krydder. Sitt til siden.

Skjær hver Jones Dairy Farm All Natural Golden Brown Chicken Sausage-lenker i to. Sett til siden.

Forvarm vaffelmaskinen og spray den med litt olje for å unngå å sette seg fast.

Plasser en tortilla i vaffelmaskinen, og sett deretter sammen i denne rekkefølgen:

Tilsett ca 3/4 kopp eggerøre

Tilsett litt ost

Legg til 4 halverte kyllingpølser

Topp med litt mer ost

Legg et tortillaskall til på toppen

Lukk vaffelmaskinen og stek i 2-3 minutter.

Dypp i chipotle ranch eller salsa.

FROKOST QUESADILLA

22. Frokost Quesadilla

INGREDIENSER

1 kopp (240 ml) eggerstatning
¼ kopp (56 g) salsa
¼ kopp (30 g) mager cheddarost, strimlet
8 maistortillas

VEIBESKRIVELSE

Røre eggerstatning, rør inn salsa og ost når den nesten er stivnet. Spray lett den ene siden av tortillaene i nonstick olivenoljespray og legg 4 av dem med oljesiden ned på en bakeplate.

Fordel eggeblandingen mellom tortillas, spre til jevn tykkelse. Topp med de resterende tortillaene, med den oljede siden opp. Grill quesadillas i 3 minutter på hver side, eller til de er gjennomvarme og gyldenbrune. Skjær i kvarte til servering.

23. Osteaktig poblano og bacon quesadilla

SERVER: 4

INGREDIENSER

4 skiver tykkskåret bacon, delt i kvarte

2 poblano paprika, frøsett og i tynne skiver

8 store meltortillas

1 kopp revet pepper Jack cheese

1 kopp fersk babyspinat, grovhakket

1 kopp revet cheddarost

2 ss ekstra virgin olivenolje

Syltet Jalapeño ananas salsa

VEIBESKRIVELSE

Legg baconet i en kald stor panne på middels varme. Stek til fettet smelter og baconet er sprøtt, 4 til 5 minutter. Overfør baconet til en tallerken med papirhåndkle for å renne av, hold fettet i gryten.

Sett gryten tilbake på varmen, tilsett poblanos og kok til den er myk, ca 5 minutter. Overfør paprikaene til en liten bolle.

Legg ut 4 tortillas på en ren arbeidsflate. Dryss hver med $\frac{1}{4}$ kopp av pepper Jack cheese, og del deretter spinat, paprika og bacon jevnt mellom de 4 tortillaene. Avslutt hver med $\frac{1}{4}$ kopp cheddarost og en annen tortilla.

Tørk av pannen og varm opp olivenolje på middels varme. Når oljen skimrer, tilsett quesadillaene, en om gangen. Stek til bunnen er sprø og gyllenbrun, ca. 2 minutter, vend deretter forsiktig og stek til tortillaen er gyllen og osten har smeltet, 2 til 3 minutter til.

Serveres varm med salsa ved siden av.

24. Cheesy Veggie Quesadillas

Utbytte: 4 porsjoner

INGREDIENSER

1 ss vegetabilsk olje

1/2 medium Vidalia løk, i terninger

8 gram hvit knappsopp, i terninger

1 fedd hvitløk, finhakket

1 kopp frosne maiskjerner

3 kopper fersk babyspinat, hakket

1/4 ts sort pepper

1/4 ts spisskummen

2, 10-tommers fullkornstortillas

1/3 kopp revet cheddarost med lite fett

1/2 kopp vanlig, fettfri gresk yoghurt

Skal og saft av 1/2 lime

1/8 ts kajennepepper (valgfritt)

VEIBESKRIVELSE :

Varm oljen over middels varme i en stor panne. Surr løk, sopp og hvitløk i 5-6 minutter, eller til de er myke. Kok i ytterligere 1-2 minutter etter tilsetning av mais, spinat, pepper og spisskummen. Fjern kjelen fra varmen.

Komponer quesadillaene: For å lage tortillaene, plasser dem på et rent arbeidsområde. Fordel den kokte grønnsaksblandingen jevnt på halvparten av hver tortilla.

Strø ost jevnt på toppen av grønnsakene. Brett og trykk den resterende halvdelen av tortillaen over toppen.

Forvarm en takke på lav varme. Spray quesadillaene med kokespray og legg dem på toppen.

Grill 3-4 minutter på hver side, eller til osten er smeltet og litt brunet.

Kombiner gresk yoghurt, 1/2 limeskall og juice, og kajennepepper i en liten bolle (hvis du bruker).

Skjær quesadillaene og server dem med yoghurtblandingen på toppen. Nyt!

25. BQ - and- og villsopp-quesadilla

Utbytte: 4 porsjoner

INGREDIENSER

½ kopp grillede andeben; kjøtt plukket av beinet fra 2 skinnløse andelår

1 kopp New Mexico bbq saus

½ kopp kyllingkraft

½ kopp Grillet shiitake sopp caps, grillet

3 mel (6-tommers) tortillas

¼ kopp revet Monterey-jekk

¼ kopp revet hvit cheddar

Salt og nykvernet pepper

½ kopp krydret mangosalsa

VEIBESKRIVELSE

Legg bena i en gryte og pensle på saus. Hell kraft rundt bena. Dekk til og stek i 3 timer ved 300 grader, drypp med BBQ saus hvert 30. minutt. La avkjøles, og plukk av andekjøttet.

Gjør klar en ved- eller kullild og la den brenne ned til glør.

Legg 2 tortillas på arbeidsflaten. Fordel halvparten av ostene, and og sopp på hver og smak til med salt og pepper. Stable de 2 lagene, dekk med den gjenværende tortillaen, pensle med 1 ss olje og dryss jevnt med chilipulver. Kan tilberedes på forhånd og avkjøles. Grill i 3 minutter på hver side, eller til tortillaene er litt sprø og osten har smeltet.

Skjær i kvarte og server varm, pyntet med salsaen.

26. Raske og sære Quesadillas

INGREDIENSER

2 10" tortillas

2 ss pizzasaus

1 unse revet cheddarost

1 unse revet mozzarellaost

8 skiver pepperoni

Matlagingsspray

VEIBESKRIVELSE :

Stek pepperoni i en middels stor panne til den er sprø. Fjern fra pannen og sett til side. Tørk av pannen med papirhåndkle.

Legg en tortilla på en tallerken og fordel to spiseskjeer pizzasaus på den.

Dryss halvparten av revet cheddar og mozzarellaost på toppen av sausen.

Legg stekt pepperoni på toppen av osten.

Dryss gjenværende ost over pepperoni og dekk med gjenværende tortilla.

Spray pannen med kokespray og forvarm på middels varme.

Legg quesadilla forsiktig i pannen og stek tre til fire minutter på hver side eller til osten er smeltet og tortillaene er lett brune og sprø.

QUESADILLAS I HJEMMESTIL

27. Spinat Cottage Cheese Quesadilla

3 serverer

INGREDIENSER

10-15 hakkede spinatblader

2 kopper hvetemel

Salt etter smak

150-200 g cottage cheese (paneer)

1 liten finhakket Capsicum

1 liten finhakket tomat

1 liten finhakket løk

1 ts rødt kjølig pulver

1 ts korianderpulver

1/2 ts gurkemeiepulver

1 ts garam masala

1 ts Kasuri methi

1 ts tørt mangopulver

2 ss olje for å binde deig

2 ts olje for Paneer Stuff

2 ts spisskummen frø

Ghee å steke Quesadillaen

RETNINGSLINJER

Ta hvetemelet tilsett hakkede spinatblader, salt, 2 ss olje og 1 ts spisskummen og bind halvmyk deig og la hvile i minst 15-20 minutter

Forbered nå Cottage Cheese Stuffing.. Ta pannen tilsett olje og spisskummen og fres nå løk, tomat og paprika hver etter en

Stek hver ting nå, tilsett salt og alle krydderne til dem, tilsett hakket paneer og til slutt tilsett Kasuri methi og bland dem godt og hold dem til side

Forbered nå den mellomstore Quesadillaen fra deigen og steken ved å snu begge sidene

Fyll i Paneer Stuffing tilsett ost hvis du vil og stek dem igjen i ghee til de er gylden farge og sprø

28. Eple og ost quesadillas

15 minutter

INGREDIENSER

1/4 kopp brunt sukker, pakket

1/4 kopp smør

1 ts malt kanel

1/4 ts malt muskatnøtt

1/4 ts malt allehånde

1/4 ts malt ingefær

1/4 ts salt

2 Honeycrisp epler, skrelt, kjernehus og i tynne skiver

2 store kjøpte mel tortillas

100 g gruyere (eller annen smeltet, mild ost)

RETNINGSLINJER

Tilsett brunt sukker og smør i en liten kjele. Sett den på lav varme og la sukker og smør smelte. Tilsett krydder, salt og epler og skru opp varmen til middels lav. Kok i ca. 10 minutter, rør av og til, til eplene er myke, men ikke grøtaktige. Ta kjelen av varmen og la stå noen minutter til romtemperatur.

Tilsett en liten klatt smør i en stor stekepanne på middels lav varme. Legg i en tortilla og dryss halvparten av osten på kun den ene siden av tortillaen. Legg halvparten av de kokte eplene på toppen av det, og brett deretter den andre halvdelen av tortillaen til en halvmåne. La steke 1 til 2 minutter til de er sprø og brune, og snu den forsiktig og brun den andre siden. Gjenta for den andre tortillaen. Skjær de stekte tortillaene i 2 eller 3 biter og server med en skvett eplekaramellen.

29. Potet quesadilla

Gjør 8 quesadillaer

INGREDIENSER

FOR RØREN

2 kopper mel

2 ss sukker

1 ts salt

2 ss olje

2 kopper vann

FOR FYLLET

2 kopper kokte poteter

terning Krydder

Spisskummen

Koriander

Paprika

Ingefær/hvitløkspasta

Svart pepper

Karri

Persille

Grønn pepper

Skotsk panser

Mozzarella ost

RETNINGSLINJER

Bland alle ingrediensene til røren. Tilsett olje i en panne og hell røren og stek deretter snu hver side til den er ferdig

Potetmos og tilsett persille, skotsk panser, grønn pepper og krydder og krydderterning. Bland alt sammen til det er blandet

Legg fyll til wrap og legg ost, dekk og varm på en panne slik at osten smelter i 2 minutter.

30. Quesadillas, Piadine og Pita-smørbrød

SERVER 4

INGREDIENSER

12 gram fersk geit3 fedd hvitløk, hakket

Omtrent 1-tommers stykke fersk ingefær, grovhakket (ca. 2 ts)

3—4 ss grovhakkede friske mynteblader

3–4 ss grovhakket fersk koriander

3 ss vanlig yoghurt

½ ts sukker, eller etter smak Stor klype salt

Flere gode shakes av Tabasco eller annen varm saus, eller ½ fersk chili, hakket

8 mel tortillas

Ost med skall som Lezay eller Montrachet, skåret ½ til ¾ tomme tykke

Olivenolje til pensling av tortillas

VEIBESKRIVELSE

Purér hvitløken med ingefæren i en foodprosessor eller blender, tilsett deretter mynte, koriander, yoghurt, sukker, salt og varm saus. Rør rundt til det danner en grønn, litt tykk pasta.

Legg ut 4 tortillas, og fordel dem først med koriander-mynteblandingen, deretter et lag med geitosten, og topp med de andre tortillaene.

Pensle lett utsiden av hver sandwich med olivenolje og stek, en om gangen, i en tung nonstick-gryte på middels varme. Brun flere minutter, til de er lett gylne i flekker, trykk litt ned på dem med slikkepotten mens de koker.

Snu forsiktig med slikkepotten; når den andre siden er flekkete med brunt og gull, skal osten smeltes. Ta ut av pannen og skjær i terninger.

Server umiddelbart.

31. Quesadillas på gresskartortillas

SERVER 4

INGREDIENSER

2 store milde grønne chili som Anaheim eller poblano, eller 2 grønne paprika

1 løk, hakket

2 fedd hvitløk, hakket

1 ss ekstra virgin olivenolje

1 pund magert kjøttdeig

1/8 –¼ ts malt kanel, eller etter smak

¼ teskje malt spisskummen Klype malt nellik eller allehånde

1/3 kopp tørr sherry, eller tørr rødvin

¼ kopp rosiner

2 ss tomatpuré

2 ss sukker

Noen rister rødvin eller sherryeddik

Salt

Svart pepper

Noen rister av cayenne, eller Tabasco hvis du bruker paprika i stedet for chili

¼ kopp grovhakkede mandler

2-3 ss grovhakket fersk koriander, pluss ekstra til pynt

8 gresskar tortillas

6-8 gram mild ost som Jack, manchego eller Mezzo Secco

Olivenolje til pensling av tortillas

Ca 2 ss rømme til pynt

VEIBESKRIVELSE

Stek chili eller paprika over åpen flamme til de er forkullet lett og jevnt over det hele. Legg i en plastpose eller bolle, og dekk til. Sett til side i minst 30 minutter, da dampen hjelper til med å skille skinnet fra kjøttet.

Forbered picadilloen: Surr løken og hvitløken i olivenolje på middels varme til den er myk, tilsett deretter biff og stek sammen, rør og del opp kjøttet mens du steker. Når kjøttet er brunet i flekker, dryss med kanel, spisskummen og nellik og fortsett å koke og røre.

Tilsett sherry, rosiner, tomatpuré, sukker og eddik. Kok sammen i ca. 15 minutter, rør av og til; hvis det virker tørt, tilsett litt vann eller mer sherry. Smak til med salt, pepper og cayenne, og juster sukker og eddik etter smak. Tilsett mandler og koriander og sett til side.

Fjern skinnet, stilkene og frøene fra paprikaen, og skjær deretter paprikaen i strimler.

Legg ut 4 av tortillaene og fordel med picadilloen. Legg til de ristede pepperstrimlene, deretter et lag av osten, og topp hver med en andre tortilla. Trykk hardt ned for å holde dem sammen. Varm en tung nonstick-gryte over middels høy varme. Pensle utsiden av quesadillaene lett med olivenolje og tilsett dem i pannen, arbeid i omganger.

Senk varmen til middels lav, brun på den ene siden, og snu den forsiktig ved hjelp av slikkepotten med veiledning fra hånden om nødvendig. Stek på den andre siden til de er gyldne og osten er smeltet.

Server umiddelbart, kuttet i terninger, pyntet med en klatt rømme og koriander.

32. Grillet saueost Quesadillas

SERVER 4

INGREDIENSER

8 store meltortillas

1 ss hakket fersk estragon

2 store modne tomater, i tynne skiver

8-10 unser lett tørr saueost

Olivenolje, til pensling av tortillas

VEIBESKRIVELSE

Legg tortillaene på en arbeidsflate, dryss med estragon og lag tomatene. Topp med ost og dekk hver med en andre tortilla. Pensle hver sandwich med olivenolje, og varm opp en tung nonstick-gryte eller flat grill over middels varme. Arbeid 1 om gangen, kok quesadillaen på 1 side; når den er lett gyllenbrun og osten smelter, snu den og stek den andre siden, trykk på mens den koker for å flate den.
Server umiddelbart, kuttet i terninger.

33. Chile og ost forrett terte

Utbytte: 16 porsjoner

INGREDIENS

15 gram Pillsbury kjølte paiskorper; 1 pakke

1 kopp revet cheddarost

1 kopp revet monterey jack ost

4 gram gammel el paso hakket grønn chili; drenert

¼ ts chilipulver

1 kopp gammel el paso tykk og tykk salsa

VEIBESKRIVELSE

La begge skorpeposene stå i romtemperatur i 15 til 20 minutter.

Varm ovnen til 450 F. Brett en skorpe på ungreased cookie ark; fjern plastark og trykk ut brettelinjer. Dryss oster over skorpen til innenfor ½ tomme av kanten; dryss over grønn chili. Utfold gjenværende skorpe; fjern plastark og trykk ut brettelinjer. Legg over chili.

Forsegl kantene med gaffel; prikk sjenerøst toppskorpen med gaffel. Dryss over chilipulver.

Stek ved 450 F. i 10 til 15 minutter eller til de er gyldenbrune. La stå i 5 minutter. Skjær i terninger; server med salsa.

34. Kylling og ost quesadillas

Utbytte: 6 porsjoner

INGREDIENS

1 pakke revet Monterey Jack ost (8 oz)

1 pakke revet mozzarellaost (8 oz)

6 store meltortillas

¼ pund geitost

¾ kopp hakket grillet kyllingbryst

½ kopp revet fersk basilikum

Svart bønner og mais salsa

VEIBESKRIVELSE

Legg Jack- og mozzarellaostene i plastmatpose eller bolle med topp og rist for å kombinere. Legg 3 tortillas på et mikrobølgeovnsikkert fat. Dryss osteblanding på tortillas. Prikk med geitost og kyllingbiter, dryss basilikum på toppen med resterende tortillas. Mikrobølgeovn i 1-2 minutter på HØY, snu én gang. Server umiddelbart med Black Bean and Corn Salsa.

35. Garbanzo quesadillas (quesadillas de garbanzo)

Utbytte: 1 porsjoner

INGREDIENS

2 kopper Masa de maiz

1 kopp kokte garbanzo bønner; (kikerter)

2 røde chili anchos

1 kopp Queso fresco;

1 kopp rømme

Smult

Salt og pepper

VEIBESKRIVELSE

Bløtlegg, kok og skrell garbanzoene.

Hul ut, bløtlegg og gjør chilien flytende. Bland garbanzoene med chilien og maisdeigen. Tilsett salt og pepper.

Form små tortillas og ha en liten mengde ost i midten. Brett dem over til quesadillas og stek dem i smult. Server med rømme.

36. Varm og krydret kylling quesadillas

Utbytte: 4 porsjoner

INGREDIENS

2 ts olivenolje

2 beinfrie kyllingbryst, kuttet i strimler

2 ss chilisaus

1 Jalapenopepper, frøsådd og i terninger

4 åtte tommers mel tortillas

1 kopp revet cheddarost

4 ts rapsolje eller vanlig vegetabilsk olje

VEIBESKRIVELSE

Forvarm Calphalon Solo Griddle på middels varme på toppen av komfyren. Tilsett olivenolje i den varme pannen. Ha kyllingstrimlene, chilisausen og jalapenopepper i pannen og stek til de er gjennomstekt, ca. 3-5 minutter. Fjern og reserver.

Legg kyllingblandingen på den ene halvdelen av hver av de 4 meltortillaene. Dryss over ost og brett over til en halv sirkel.

Igjen, forvarm Calphalon Solo Griddle på medium. Smør kokeoverflaten med en teskje rapsolje. Legg en fylt tortilla på kokeoverflaten. Kok til den er lysebrun. Sving. Gjenta med de tre andre tortillaene. Del hver tortilla i tre skiver og server med salsa og svarte bønner.

37. Landons quesadillas

Utbytte: 4 porsjoner

INGREDIENS

1 avokado; skrelles og kuttes

1 saft av en sitron

1 ts finhakket hvitløk

1 salt; å smake

1 nykvernet sort pepper; å smake

8 mel tortillas

1 kopp svart bønnepuré

4 unse monterey jack ost

1 olivenolje

½ kopp tilberedt salsa

½ kopp rømme

VEIBESKRIVELSE

Forvarm ovnen til 400 grader. Bland avokado, sitronsaft og hvitløk i en miksebolle. Mos blandingen med en gaffel til den er jevn, men fortsatt tykk. Smak til guacamole med salt og pepper.

Fordel ¼ kopp av den svarte bønnepuréen på bunnen av en tortilla.

Dryss ¼ av osten over den sorte bønnepuréen. Legg en annen tortilla på toppen av osten. Gjenta prosessen til alle ingrediensene er brukt og du har fire quesadillas. Legg quesadillaene på et bakepapirkledd stekebrett. Stek quesadillaene i ca 4 til 6 minutter eller til osten har smeltet. Ta kjelen ut av ovnen og legg den på et skjærebrett.

Del hver quesadilla i fire. Pynt quesadillaene med guacamole, salsa og rømme.

38. Pinto bønne og feta quesadillas

Utbytte: 8 porsjoner

INGREDIENS

16 gram Pinto bønner; drenert

¾ kopp rødløk; hakket

½ kopp persille; finhakket

1 Jalapeno pepper; finhakket

1½ ts chilipulver

½ teskje Malt spisskummen

8 meltortillas

4 ss fetaost; smuldret opp

1 ts rapsolje

Fettfri rømme

Frisk salsa

VEIBESKRIVELSE

Kombiner de seks første ingrediensene i prosessoren. Bruk av/på-svingene, bearbeid til den er veldig tykk. Smak til med salt og pepper. (Kan tilberedes 1 dag i forveien, dekk til og avkjøl.)

Legg 1 tortilla på arbeidsflaten. Smør med litt bønneblanding. Topp med fetaost og brett over i to. Varm opp en stekepanne og spray med grønnsaksspray. Tilsett ¼ teskje olje og quesadilla. Stek til bønnene er gjennomvarme, ca 4 minutter på hver side. Gjenta med andre tortillas.

Skjær i terninger og server med salsa og en klatt fettfri rømme.

39. Grill quesadillas

Utbytte: 4 porsjoner

INGREDIENS

2 fedd hvitløk

1 ts vegetabilsk olje

16 gram Pulled pork, finhakket

2 ts basilikum, tørket

½ ts sort pepper

1 ss Smør, myknet

4 mel tortillas, (8 tommer)

2 kopper Krafts Monterey Jack Cheese, strimlet

VEIBESKRIVELSE

Mens jeg skannede gjennom Taste of Homes Quick Cooking-oppskrifter som de sendte til meg, fant jeg de raske oppskriftene nedenfor. Jeg modifiserte begge for å passe min smak og prøvde begge i går kveld. Det tok meg omtrent 30 minutter å tilberede og servere begge deler. De komplimenterte hverandre og var så velsmakende at jeg vil dele dem.

Fres hvitløken i en middels stekepanne til den er mør. Rør inn finhakket pulled pork eller brisket, basilikum og pepper. Kok på middels varme til den er gjennomvarme.

Fordel i mellomtiden smør over den ene siden av hver tortilla. Legg tortillas med smørsiden ned på en takke. Dryss hver med en ½ kopp ost. fordel ½ kopp røkt kjøttblanding over ½ av hver tortilla og brett over og stek på lavt nivå i ett til to minutter på hver side.

Skjær i terninger; server med salsa eller quacamole.

40. Italienske quesadillas

Utbytte: 4 porsjoner

INGREDIENS

4 plommetomater, i fine terninger

½ kopp basilikumblader, kuttet i tynne strimler

¼ kopp olivenolje

Balsamicoeddik

Salt og pepper

1 pund Nyrevet mozzarellaost, delvis skummet eller helmelk

½ kopp ricottaost, delvis skummet eller helmelk

4 Trimmet grønn løk, i tynne skiver

¼ kopp Uthulet olje, spekede oliven, fint skåret

1 kopp marinerte artisjokkhjerter, finhakket

Knust rød pepperflak, etter smak

8 meltortillas

Vegetabilsk olje, for å koke quesadillaene, valgfritt

¼ kopp ristede pinjekjerner, valgfritt

VEIBESKRIVELSE

Kombiner tomater, basilikum, olivenolje i en miksebolle og smak til med balsamicoeddik, salt og pepper.

Kombiner mozzarellaost, ricotta, grønn løk, oliven og artisjokkhjerter i en miksebolle; smak til med salt og knuste røde pepperflak.

Fordel litt blanding på den ene halvdelen av hver tortilla, og la det være ca. $\frac{1}{4}$-tommers mellom fyllet og kanten av tortillaen. Brett hver tortilla i to. Stek tortillaene i litt vegetabilsk olje i omtrent ett minutt på siden til de er gyldne og osten har smeltet; holdes varm i lav ovn til den skal serveres. Topp med tomater og basilikum og pinjekjerner.

Alternativ måte å gjøre det på er å forvarme ovnen til 450 grader. Fordel fyllet over hele overflaten av tortillas uten å brette dem. Legg dem på en bakeplate og stek i 5 minutter eller til osten har smeltet. Brett over og server med topping.

Spesielt bra for barn: sett til side litt vanlig mozzarella blandet med ricotta og fyll barnas tortillas med dette i stedet for det mer forseggjorte fyllet.

41. Umulig quesadillapai

Utbytte: 6 porsjoner

INGREDIENS

2 bokser Grønn chili

4 oz. drenert

4 kopper revet cheddarost

2 kopper melk

1 kopp Bisquick

4 egg

VEIBESKRIVELSE

Varm ovnen til 425. Smør paiplate, 10 tommer. Dryss chili og ost i tallerkenen. Pisk de resterende ingrediensene til en jevn blanding, 15 sek. i blender på høy hastighet eller 1 min. med håndvisper. Hell i paistallerken. Stek i ca 25-30 minutter eller til en kniv som er satt inn i midten kommer ren ut. Avkjøl i 10 minutter. Server med rømme og quacamole.

42. Potet og stekt rød pepper quesadillas

Utbytte: 6 porsjoner

INGREDIENS

2 mellomstore poteter

1 middels rød paprika

1 stor Jalapeno chilipepper

2 ts vegetabilsk olje

1 liten løk; terninger

2 fedd hvitløk; hakket

1 ss limejuice; eller rødvinseddik

1 ss Finhakket koriander

½ kopp fettfattig cheddarost i terninger

Salt og sort pepper

4 medium fettfrie meltortillas; seks tommers diameter

VEIBESKRIVELSE

Kok eller damp potetene i 35 minutter eller til de er møre. La dem avkjøles, skrell og skjær dem i åttedeler.

Skjær paprika og chilipepper i to vertikalt og fjern stilker, frø og membraner. Skjær hver ende slik at paprikaene ligger så flatt som mulig, og plasser deretter halvdelene med skinnsiden opp på et slaktekyllingstativ og plasser stativet nært slaktekyllingen. Stek paprikaen til skallet er jevnt forkullet og fruktkjøttet mørt, ca. 10 minutter. Fjern, legg paprikaene i en papirpose eller dekket beholder, og forsegl. Sett til side 15 minutter for å dampe og avkjøle. (Dette gjør paprikaene lettere å skrelle.) Trekk av og kast det forkullede skallet med en skrellekniv, skjær deretter paprikaen i terninger.

Forvarm ovnen til 450 grader. Varm oljen i en stor stekepanne over middels høy varme. Tilsett løk, hvitløk og poteter, og fres til løken og potetene er lett brune. Ha over i en bolle og mos kort. Tilsett paprika, limejuice, koriander og ost. Smak til med salt og pepper, og bland godt.

Plasser 2 tortillas på en usmurt bakeplate. Plasser halvparten av potetblandingen på hver, og med en slikkepott, klapp godt til innen ½ tomme fra tortillakanten. Dekk hver tortilla med en annen og trykk den godt på plass. Stek 5 minutter på hver side. Skjær hver tortillastabel i 6 skiver og server varm.

43. Raske kylling quesadillas

Utbytte: 1 porsjoner

INGREDIENS

4 store meltortillas

½ kopp hermetiske refried bønner

½ kopp salsa

¾ pund stekt kyllingkjøtt; hakket

4 grønne løk; hakket

1 kopp cheddarost

½ kopp fettfri rømme

2 kopper salat; makulert

2 mellomstore tomater; hakket

Forberedelse: 10 min, Kok: 5 min.

VEIBESKRIVELSE

Slå på broiler. Plasser tortillas på en kakeplate. Fordel refried bønner over tortillas. Tilsett salsa, og lag deretter kylling, løk og ost.

Plasser kakeplaten under broiler 1-2 minutter eller til osten smelter og tortillaene er sprø. Server toppet med rømme, salat og tomater.

44. Refried bønne og mais quesadillas

Utbytte: 4 porsjoner

INGREDIENS

½ kopp frosne maiskjerner, tint

2 ss Grønn løk, i skiver

¼ teskje spisskummen

16 gram Friterte bønner (fettfrie)

8 meltortillas (fettfrie)

¾ kopp cheddarost, fettfri

Vegetabilsk matlagingsspray

½ kopp fettfri rømme

1 Jalapeno - hakket

VEIBESKRIVELSE

Kombiner de fire første ingrediensene i en middels bolle, og rør godt. Fordel ca ½ kopp bønneblanding over hver av 4 tortilliaer, og topp hver med 3 ss ost og resterende tortillas.

Dekk en stor nonstick-gryte med matlagingsspray og legg den over middels høy varme til den er varm. Tilsett 1 quesadilla, og stek 3 minutter på hver side, eller til den er gylden. Ta quesadillaen ut av pannen, sett til side og hold varm. Gjenta prosedyren med de resterende quesadillaene.

Skjær hver quesadilla i 4 skiver. Serveres lun med rømme. Pynt med rømme og hakket jalepenos.

45. Røkt oksebryst quesadillas

Utbytte: 1 porsjoner

INGREDIENS

4 8 tommers mel tortillas

1 kopp tacoost eller blandet Colby og Monterey Jack

1 kopp strimlet røkt oksebryst; (eller bruk kokt roastbiff krydret med mesquite barbeque-krydder)

¾ kopp Chunky tomatbasert salsa eller velsmak

Guacamole

VEIBESKRIVELSE

Forvarm BBQ-grillen til middels (350 grader). Pensle smeltet margarin lett på den ene siden av hver tortilla. Legg margarinsiden ned på grillristen.

Fordel osten jevnt over halvparten av hver tortilla, etterfulgt av biff og salsa.

Brett tortillaene over osteblandingen og grill i 30 sekunder. Snu og grill 1 minutt for å smelte ost og varme biff.

Fjern fra varme. Skjær hver quesadilla i 3 biter og server med guacamole og rømme.

AUTENTISKE MEXIKANSKE QUESADILLAS

46. Quesadilla Luchito-stil

FORBEREDELSESTID 5 minutter

TILBEREDNINGSTID 5 minutter

SERVER 6

INGREDIENSER

CRISPY CHORIZO:

1 ts olivenolje

60 g / 2 oz kokechorizo, finhakket

1 rødløk, i tynne skiver

1 ts Gran Luchito Chipotle honning

QUESADILLAS:

6 Gran Luchito Soft Taco wraps

150 g / 5 oz revet cheddar

150 g / 5 oz revet gruyere

1 krukke Gran Luchito Tomatillo Salsa

VEIBESKRIVELSE

Varm opp olivenolje i en panne på middels varme og stek chorizo og løk.

Tilsett Chipotle-honning og la den karamellisere og bli litt sprø, fjern deretter pannen fra varmen og sett av.

Tilsett en god mengde revet ost og karamellisert chorizo-løk til Soft Taco Wraps og brett i to.

Stek quesadillaene over en varm panne og la varmen gjøre sin magi til de er gyllenbrune på begge sider og osten smelter.

Server med Gran Luchito Tomatillo Salsa.

47. Bønne- og svinekjøtt-quesadillas

Steketid: 5 minutter

Porsjoner: 4

INGREDIENSER

450 g universalmel

3 ss kald grønnsaksfett

1 ts salt

2 ts bakepulver

375 ml vann

1 boks (580 g) bakte bønner med BBQ-smak og pulled pork

225 g cheddarost, strimlet

125 ml rømme

2 ts vegetabilsk olje

VEIBESKRIVELSE

1.Bland mel, salt, bakepulver og grønnsaksfett i en bolle.. Bland godt med hendene til alt er blandet..

2.Tilsett sakte vann og elt deigen med hendene.. Mel skal trekke til seg væsken, du skal få en jevn deig..

3. Form deigen til kuler, legg dem i tortillapressen en etter en. Trykk for å danne tortillaene..

4.Forvarm en støpejernspanne over middels varme.. Tilsett tortillas en etter en og stek i ca 30-40 sekunder per side..

5. Hell bønner i en bolle og mos løst med gaffel..

6.Plasser tortillas på en flat overflate og pensle kantene med vann, tilsett deretter bønner og ost på halve siden av hver.. Brett over og press kantene for å forsegle..

7.Varm olje i stekepanne over middels høy varme og stek deretter den ene tortillaen etter den andre i ca 3 minutter på hver side.. La avkjøle litt, server med rømme

48. Kremet kylling Quesadillas

Steketid: 15 minutter

Porsjoner: 6

INGREDIENSER

450 g universalmel

3 ss kald grønnsaksfett

1 ts salt

2 ts bakepulver

375 ml vann

2 bokser kyllingbrystbiter

1 boks (300 g) kyllingsuppe kondensert krem

113 g cheddarost, revet

125 ml rømme

64 g salsa

VEIBESKRIVELSE

1.Bland mel, salt, bakepulver og grønnsaksfett i en bolle.. Bland godt med hendene til alt er blandet..

2.Tilsett sakte vann og elt deigen med hendene.. Mel skal trekke til seg væsken, du skal få en jevn deig..

3. Form deigen til kuler, legg dem i tortillapressen en etter en. Trykk for å danne tortillaene..

4.Forvarm en støpejernspanne over middels varme.. Tilsett tortillas en etter en og stek i ca 30-40 sekunder per side..

5.Forvarm ovnen til 200 C.. Bland kyllingsuppe og kyllingbryst med ost i en bolle..

6.Oppbevar tortillas på 2 stekepanner, pensle deretter kantene med vann, øs kyllingblandingen på halve siden av hver tortilla.. Brett over, press kantene for å forsegle..

7. Bake i 10 minutter; server med rømme og salsa..

49. Tofu-Tahini Veggie Wraps

Gir 4 wraps

INGREDIENSER

8 gram ekstra fast tofu, drenert og klappet tørr

3 grønne løk, finhakket

2 selleri ribber, hakket

1/2 kopp finhakket fersk persille

2 ss kapers

2 ss fersk sitronsaft

1 ss dijonsennep

1/2 ts salt

1/8 ts malt kajennepeper

4 (10-tommers) meltortillas eller lavash

1 middels gulrot, strimlet

4 salatblader

VEIBESKRIVELSE

I en foodprosessor kombinerer du tofu, tahini, grønn løk, selleri, persille, kapers, sitronsaft, sennep, salt og cayenne og bearbeid til det er godt kombinert.

For å sette sammen wraps, plasser 1 tortilla på en arbeidsflate og fordel ca 1/2 kopp av tofublandingen over tortillaen. Dryss over revet gulrot og topp med et salatblad. Rull sammen stramt og del i to diagonalt. Gjenta med de resterende ingrediensene og server.

50. Dekonstruerte Hummus Pitas

Gir 4 pitaer

INGREDIENSER

1 hvitløksfedd, knust

¾ kopp tahini (sesampasta)

2 ss fersk sitronsaft

1 ts salt

1/8 ts malt kajennepeper

1/4 kopp vann

1 1/2 kopper kokte eller 1 (15,5 unse) boks kikerter, skyllet og drenert

2 mellomstore gulrøtter, revet (ca. 1 kopp)

4 (7-tommers) pitabrød, gjerne full hvete, halvert

2 kopper fersk babyspinat

VEIBESKRIVELSE

Hakk hvitløken i en blender eller foodprosessor. Tilsett tahini, sitronsaft, salt, cayenne og vann. Bearbeid til glatt.

Legg kikertene i en bolle og knus litt med en gaffel. Tilsett gulrøttene og den reserverte tahinisausen og bland for å kombinere. Sette til side.

Hell 2 eller 3 ss av kikertblandingen i hver pitahalvdel. Legg en tomatskive og noen spinatblader i hver lomme og server.

51. Veganske middelhavswraps

INGREDIENSER

1 middels agurk

½ teskje (pluss et par klyper) salt

1 middels tomat i terninger

¼ rødløk i terninger

¼ grønn pepper i terninger

4 ss hakkede Kalamata-oliven

1 krukke (540 gram / 19 oz..) kikerter

200 gram (7 oz..) vegansk yoghurt

2 ss hakket fersk dill

1 fedd hvitløk finhakket

1 ss sitronsaft

2 kopper (112 gram) hakket salat

4 store tortillas

VEIBESKRIVELSE

Kombiner terninger av agurk, tomat, rødløk, grønn pepper og svarte oliven. Tøm og skyll kikertene og ha dem i en bolle. Knus dem med hendene eller med en gaffel.

Bland revet agurk, vegansk yoghurt, dill, hvitløk, sitronsaft og en klype salt og pepper i en bolle. Tilsett 3 ss tzatziki sammen med ½ ts salt og pepper. Bland godt.

Lag wrapsene med en håndfull salat, knuste kikerter, blandede grønnsaker i terninger og noen kluter tzatziki.

52. Vegansk shawarma

INGREDIENSER

1/3 kopp (55 g) hermetiske kikerter

2 ss næringsgjær

Krydder

1 ss soyasaus

1/4 kopp (65 g) tomatpuré

1/3 kopp (80 ml) grønnsakskraft

1 ts dijonsennep

1/8 ts flytende røyk

1 kopp (150 g) Vital Wheat Gluten

Marinade

6 Wraps

Strimlet salat

VEIBESKRIVELSE

Tilsett kikerter, næringsgjær, krydder , soyasaus, tomatpuré, paprika, grønnsakskraft, dijonsennep og flytende røyk i foodprosessoren og bearbeid til den er godt blandet.

Tilsett det livsviktige hvetegluten. Flat den ut på en arbeidsflate og klapp den ned i form av en stor biff. Damp

Blande marinade og hell den over seitan-strimlene. Stek seitanen i marinaden,

Fordel litt krydret hummus til et pitabrød eller wrap. Legg strimlet salat og oppskåret agurk og tomat i en wrap, topp med noen seitan-strimler og avslutt med en klatt vegansk tzatziki .

53. Sprø veganske rundstykker

Utbytte: 24 porsjoner

INGREDIENSER

5 gulrøtter , kokte

Salt

1 stilk selleri; finhakket og kokt

Peanøtt eller vegetabilsk olje

sesamolje

3 store løk; finhakket

2 grønne løk; skåret i tynne skiver

3 røde paprika; finhakket

20 Shiitake-sopp; finhakket

1 haug korianderblader; hakket

1 pakke vårrullepapir; (11 oz.)

1 ss maisstivelse

VEIBESKRIVELSE

Ha 2 ts peanøttolje og 2 ts sesamolje i en stor oppvarmet panne. tilsett hakket løk, skivet grønn løk og paprika. Ha i sopp og stek i 2 til 3 minutter.

Tilsett gulrøtter, selleri og koriander og rør. Smak til med salt og pepper

Posisjon 1 omslag . Pensle sammenvispet egg i øvre hjørne. Ordne ⅓ kopp fyllblanding på linje 2 tommer fra nedre hjørne. Pakk hjørnet over blandingen og trekk tilbake for å stramme.

Brett over to sider og rull til enden av omslaget. Steke

54. Veganske fylte kålruller

INGREDIENSER

1 stor frossen kål , tint

2 ss Olje

1 løk, i terninger

1 stilk selleri, i terninger

2 ss grønn pepper i terninger

2 ss Mel

1 46-oz. kan tomatjuice

4 ss tomatpuré

½ kopp sukker

Dash Salt , Paprika , Karripulver

2 kopper kokt ris

2 laurbærblader

1 stort eple, skrelt og i terninger

¼ kopp gylne rosiner

VEIBESKRIVELSE

Varm opp oljen i en panne og tilsett løk, selleri og grønn pepper. Bland inn krydderet. Tilsett grønnsaker til ris og bland godt. Sette til side.

Varm opp oljen . Rør inn melet og stek til det er brunt . Tilsett de resterende sausingrediensene .

Tilsett kålrullene forsiktig, legg dem i sausen en om gangen. Kok i 2 timer.

Legg en spiseskje med fyll på ribben av bladet, nær bunnen. Brett bunnen av bladet over fyllet og rull en gang. Brett sidene mot midten for å omslutte og lage rette kanter.

55. Veganske nori-ruller

Utbytte: 1 porsjon

INGREDIENSER

¼ kopp soyasaus

2 ts honning

1 ts finhakket hvitløk

1 ss revet ingefærrot

1 pund Ekstra fast tofu eller tempeh

2 ss riseddik

1 ss superfint sukker

2 kopper Kokt kortkornet brun ris

2 hvitløk finhakket, kun hvit del

2 ss ristede sesamfrø

5 ark nori

1 kopp Finstrimlede gulrøtter

10 ferske spinatblader, dampet

1½ kopp alfalfaspirer

VEIBESKRIVELSE

Kombiner soyasaus, honning, hvitløk og ingefær. Legg til tofu eller tempeh; mariner i minst 30 minutter.

Kombiner riseddik og sukker. Tilsett ris og rør inn løkløk og sesamfrø; Bland godt.

Legg et ark nori på vokset papir. skje blanding i midten av nori . Brette

56. Karried Tofu Pitas

Gir 4 smørbrød

INGREDIENSER

1-kilos ekstra fast tofu, drenert og klappet tørr

1/2 kopp vegansk majones, hjemmelaget (se Vegansk majones) eller kjøpt i butikken

1/4 kopp hakket mango chutney, hjemmelaget (se Mango Chutney) eller kjøpt i butikken

2 ts dijonsennep

1 ss varmt eller mildt karripulver

1 ts salt

1/8 ts malt kajennepeper

1 kopp revne gulrøtter

2 selleri ribber, hakket

1/4 kopp finhakket rødløk

8 små Boston- eller andre myke salatblader

4 (7-tommers) hel hvete pitas , halvert

VEIBESKRIVELSE

Smuldre tofuen og ha den i en stor bolle. Tilsett majones, chutney, sennep, karripulver, salt og cayenne, og rør godt til det er godt blandet.

Tilsett gulrøtter, selleri og løk og rør for å kombinere. Avkjøl i 30 minutter for å la smakene blande seg.

Stikk et salatblad inni hver pitabomme, hell litt tofublanding på toppen av salaten og server.

57. Hummus Veggie Wrap

Porsjoner 1 wrap

INGREDIENSER

1 smaksatt wrap eller tortilla

1/3 kopp hummus

2 skiver agurk, skåret på langs

En håndfull ferske spinatblader

Skiver tomat

1/4 avokado, i skiver

Friske alfalfa- eller brokkolispirer

Ferske mikrogrønt

Basilikumblader, om ønskelig

VEIBESKRIVELSE

Fordel hummusen på den nederste 1/3 av wrap, ca 1/2 tomme fra den nederste kanten, men spre ut sidekantene.

Legg agurk, spinatblader, tomatskiver, avokadoskiver, tuter, mikrogrønt og basilikum lagvis.

Brett wrap tett, som du ville gjort en burrito, stikk inn alle grønnsakene med den første rullen og rull deretter fast til slutten. Skjær i to og nyt.

58. Rainbow Veggie Wraps

Porsjoner: 4

INGREDIENSER

4 (8 tommer) flerkornstortilla eller wraps

1 kopp tilberedt olivenhummus

2 gram tynne skiver cheddarost

1 ⅓ kopper babyspinat

1 kopp rød paprika i skiver

1 kopp brokkolispirer

1 kopp tynt strimlet rødkål

1 kopp julienerte gulrøtter

Grønn gudinnedressing til servering

VEIBESKRIVELSE

Spre hver tortilla med 1/4 kopp hummus. Topp hver med en fjerdedel av Cheddar, spinat, paprika, spirer, kål og gulrøtter. Rull opp hver wrap.

Skjær wraps i 1-tommers runder. Server med dressing til dipping om ønskelig.

59. Quesadillas med salsa

Koketid: 10 minutter

Porsjoner: 6

INGREDIENSER

450 g universalmel

3 ss kald grønnsaksfett

1 ts salt

2 ts bakepulver

375 ml vann

384 g Monterey Jack ost, strimlet

180 ml Chunky salsa

2 grønne løk, i skiver

2 ss rapsolje

VEIBESKRIVELSE :

1.Bland mel, salt, bakepulver og grønnsaksfett i en bolle.. Bland godt med hendene til alt er blandet..

2. Tilsett sakte vann og elt deigen med hendene.. Mel skal trekke til seg væsken, du skal få en jevn deig..

3. Form deigen til kuler, legg dem i tortillapressen en etter en. Trykk for å danne tortillaene..

4. Forvarm et støpejern over middels varme.. Tilsett tortillas en etter en og stek i ca 30-40 sekunder per side..

5. Plasser tortillas på flat overflate og pensle kantene med vann.

6. Legg 65 g ost, 1 ss salsa og 2 ts løk over halvparten av hver tortilla, brett deretter og trykk for å forsegle.

7. Varm olje i en panne på en middels spise.. Stek Quesadillas i porsjoner til de er gyldenbrune, og server deretter med salsa.

60. Bønne og ost quesadillas

Koketid: 10 minutter

Porsjoner: 6

INGREDIENSER

450 g universalmel

473 g bønner, ristede

3 ss kald grønnsaksfett

120 ml Pace Picante saus

256 g Monterey Jack ost, strimlet

1 ts salt

2 ts bakepulver

2 grønne løk, i skiver

375 ml vann

VEIBESKRIVELSE :

1.Bland mel, salt, bakepulver og grønnsaksfett i en bolle.. Bland godt med hendene til alt er blandet..

2.Tilsett sakte vann og elt deigen med hendene.. Mel skal trekke til seg væsken, du skal få en jevn deig..

3. Form deigen til kuler, legg dem i tortillapressen en etter en. Trykk for å danne tortillaene..

4.Forvarm et støpejern over middels varme.. Tilsett tortillas en etter en og stek i ca 30-40 sekunder per side..

5. Kombiner bønner og saus i en bolle..

6.Plasser 6 tortillas på to stekepanner og pensle kantene med vann.

7.Plasser 86 g bønneblanding, løk og ost over halvparten av hver tortilla, dekk med tortillarestene og trykk for å forsegle.

8. Varm opp ovnen til 200 C og stek i 9 minutter.. Skjær hver quesadilla i 4 skiver.. Server varm..

61. Beef Crunch

Koketid: 20 minutter

Porsjoner: 6

INGREDIENSER

450 g universalmel

128 g meksikansk ost, strimlet

3 ss kald grønnsaksfett

256 g salat, strimlet

1 ts salt

1 tomat, i terninger

2 ts 32 g hakket koriander

bakepulver

1 lime, juicet

375 ml vann

120 ml rømme

0,5 kg kjøttdeig

60 ml vann

64 g queso fresco

1 pakke tacokrydder

VEIBESKRIVELSE :

1. Bland mel, salt, bakepulver og grønnsaksfett i en bolle.. Bland godt med hendene til alt er blandet..

2. Tilsett sakte vann og elt deigen med hendene.. Mel skal trekke til seg væsken, du skal få en jevn deig..

3. Form deigen til kuler, legg dem i tortillapressen en etter en. Trykk for å danne tortillaene..

4. Forvarm et støpejern over middels varme.. Tilsett tortillas en etter en og stek i ca 30-40 sekunder per side..

5. Varm opp en panne på middels høy varme i 3 minutter.. Tilsett biff og stek i 9 minutter, rør ofte.. Tilsett vann, tacokrydder og kok i 11 minutter..

6. Legg tortillas på en flat overflate, tilsett 2 ss queso, 125 g biff, 1 tostada, fordel litt rømme over tostada, tilsett tomat, koriander, salat, litt lime og ost i midten av hver tortilla.. Rull dem opp og forsegle avslutningene..

7. Smør pannen med olje og sett på middels varme.. Legg en rullet tortilla i pannen og stek til den blir gyllenbrun. Gjør det samme med de andre tortillaene, server..

62. Kyllingpesto

Koketid: 5 minutter

Porsjoner: 4

INGREDIENSER

450 g universalmel

3 ss kald grønnsaksfett

1 ts salt

2 ts bakepulver

375 ml vann

256 g kokt kylling i terninger

4 ss pesto

1 gulrot, skåret i tynne skiver

256 g fersk babyspinat

1 rød paprika, i skiver

VEIBESKRIVELSE :

1.Bland mel, salt, bakepulver og grønnsaksfett i en bolle.. Bland godt med hendene til alt er blandet..

2.Tilsett sakte vann og elt deigen med hendene.. Mel skal trekke til seg væsken, du skal få en jevn deig..

3. Form deigen til kuler, legg dem i tortillapressen en etter en. Trykk for å danne tortillaene..

4.Forvarm et støpejern over middels varme.. Tilsett tortillas en etter en og stek i ca 30-40 sekunder per side..

5. Kombiner kylling med pesto i en liten bolle..

6.Sett tortillas på en flat overflate. Legg 1/4 spinat, 1/4 pepper, 1/4 gulrøtter og 1/4 kylling i midten av hver tortilla.. Rull sammen og server..

63. Fersken og fløte dessert taco

Steketid: 15 minutter

Porsjoner: 6

INGREDIENSER

450 g universalmel

3 ss kald grønnsaksfett

1 ts salt

2 ts bakepulver

375 ml vann

2 modne fersken, i skiver

113 g kremost

1 ts vaniljeekstrakt

128 g melis

1 ½ ss tung krem

VEIBESKRIVELSE

1.Bland mel, salt, bakepulver og grønnsaksfett i en bolle.. Bland godt med hendene til alt er blandet..

2.Tilsett sakte vann og elt deigen med hendene.. Mel skal trekke til seg væsken, du skal få en jevn deig..

3. Form deigen til kuler, legg dem i tortillapressen en etter en. Trykk for å danne tortillaene..

4.Forvarm en støpejernspanne over middels varme.. Tilsett tortillas en etter en og stek i ca 30-40 sekunder per side..

5.Pisk kremost i en bolle.. Tilsett vanilje og bland godt..

6.Tilsett melis og visp godt.. Tilsett fløte og bland igjen..

7. Hell blandingen på tortillasene og topp med fersken.. Server..

64. Spinat quesadillas

Utbytte: 1 porsjoner

INGREDIENS

1 hakket grønn pepper

1 hakket løk

½ haug hakket spinat

1 boks Skyllede sorte bønner

½ pakke tacokrydder (eller dine favorittmeksikanske krydder)

RETNINGSLINJER

Kombiner 1 hakket grønn paprika, 1 hakket løk, ½ haug hakket spinat, 1 boks skyllede svarte bønner og ½ pk tacokrydder (eller dine favoritt meksikanske krydder). Tilsett litt reservert bønnejuice hvis blandingen virker tørr.

Legg meltortillas på en kakeplate. Mitt kakeark kan inneholde 2 burrito eller 3 små tortillas... begge størrelsene fungerer fint. Fordel grønnsaksblandingen over tortillaene. Dryss med ost om du vil.

Legg kakeplaten under en varm broiler og stå der. Ikke gå av:) Når kantene på tortillasene begynner å bli brune, trekk ut kakeplaten og brett hver av dem i to med en slikkepott. Legg laken tilbake under broileren i et minutt til tortillaene begynner å bli blemme og brune. Pass på... hvis slaktekyllingen din er som min... er det omtrent 10 sekunder fra ikke-helt ferdig til brent svart. Trekk dem ut igjen og snu dem over det hele.

Stek den andre siden. Fjern og kutt i to eller tredjedeler for å danne trekanter.

65. Villsvinspølse quesadillas m rød salsa

Utbytte: 12 porsjoner

INGREDIENS

2 kopper Oppskåret villsvinpølse; sautert

2 ss hakket koriander

1 ss Jalapeno; stammet, frøet og finhakket

1 moden mango eller papaya; skrelles, frøs og kuttes i små terninger

1 Poblano chili; stekt, stilket, skrellet og kuttet i tynne strimler

1 lime; Saft av

3 kopper revet jack cheese

12 meltortillas

3 ss vegetabilsk olje

2 kopper Kjernede og hakkede friske plommetomater

1 kopp finhakket rødløk

¾ kopp hakket fersk koriander

2 ts Finhakket jalapeno chili

2 ss fersk limejuice

Salt; å smake

Malt svart pepper; å smake

RETNINGSLINJER

For salsa: Kombiner tomater, løk, koriander og jalapeno. Tilsett limejuice og bland godt. Smak til med salt og pepper. Sett til side til den skal brukes.

For quesadillas: Kombiner de syv første ingrediensene i en middels bolle og bland for å kombinere. Legg seks meltortillas på et rent skjærebrett. Fordel kalkunblandingen på hver meltortilla. Topp med de resterende meltortillaene. Ta en stor stekepanne eller stekepanne til middels varme og pensle med en liten mengde vegetabilsk olje. Legg en tortillasandwich med mel i panne eller takke og stek til den er gyldenbrun eller ca. 4 minutter. Med en slikkepott ta opp mel tortilla sandwich over for å fullføre tilberedningen til en gylden brun eller til osten er smeltet. Fjern fra panne eller takke og legg på skjærebrett. Skjær i seks skiver. Server lun med tomatsalsa. Gjenta tilberedningsprosessen med hver tortilla.

66. Quesadilla lasagne

Utbytte: 1 porsjoner

INGREDIENS

1 16-oz rulle mild pølse

1 8-oz krukke tykk salsa

1 pakke (1,5 oz) tacokrydder

1 beholder; (12 oz) cottage cheese

1 pakke (8 oz) revet ost i meksikansk stil; delt

2 egg; slått

10 7-tommers meltortillas

1 boks (4,5 oz) hakket grønn chili; drenert

1 boks (2 1/4 oz) hakkede modne oliven

1 boks (2 1/4 oz) skivede modne oliven

VEIBESKRIVELSE :

Varm ovnen til 350. I middels stekepanne brun pølse over middels høy varme. Fjern fra varme; drenere fett. Rør inn salsa og tacokrydder. Kombiner cottage cheese, 1 kopp ost og egg i en middels bolle.

Smør 13 x 9 panne og legg 8 tortillas over bunnen og oppsiden av pannen.

Hell halvparten av kjøttblandingen og halvparten av cottage cheese-blandingen over tortillas. Legg to tortillas over toppen og skje den resterende kjøttblandingen og cottage cheese-blandingen på toppen. Dryss over grønn chili, oliven og resten av osten. Stek ved 350 grader i 45 - 50 minutter dekket med aluminiumsfolie. Avdekke og stek 5 minutter lenger eller til osten er boblende. Serveres varm.

67. Søtpotet quesadillas

Utbytte: 4 porsjoner

INGREDIENS

1½ kopp finhakket løk

2 fedd hvitløk; hakket

Grønnsaksbuljong

4 kopper revet søtpotet (ca. 3 poteter) skrelt eller uskrelt!

½ ts tørket oregano

1 ts chilipulver

2 ts Malt spisskummen

1 klype (generøs) Cayenne

Salt og pepper etter smak

1 kopp fettfri cheddarost; raspet; eller skiver av noe som vil smelte

8 tortillas

RETNINGSLINJER

Fres løkene i litt buljong i en stor stekepanne til den er veldig myk, tilsett buljong etter behov.

Tilsett hvitløk og rør i 30 sekunder.

Tilsett mer buljong, revet søtpotet og krydder, og rør i ca 10 minutter på middels varme til søtpoteten er mør. Dette vil kreve oppmerksomhet og mer buljong, da søtpotetene vil feste seg, selv til den ikke-klebende overflaten. Men ikke vær for kraftig med omrøringen, ellers blir søtpotetene til grøt.

Når den er mør, sørg for at all buljong er fordampet og fjern søtpotetblandingen fra varmen. Legg 1 tortilla hver i bunnen av 4 metallpaiformer med omtrent samme diameter som tortillaene. Fordel søtpotetblandingen mellom pannene og topp med osten. Dekk med de resterende tortillaene og trykk godt ned. Stek ved 425 grader F. i ca. 10-12 minutter, til toppen begynner å bli brun, og tortillaene er sprø. Ta ut paiformene med en slikkepott, og kutt i terninger for servering. Serverer 4.

68. Tomat og ost quesadillas

Utbytte: 16 kiler

INGREDIENS

1 kopp frødede plommetomater i terninger

2 ss Hakket fersk koriander eller persille

1 Jalapenopepper, finhakket

1 ss Finhakket rød eller grønn løk

1 ss fersk limejuice

Salt etter smak

4 meltortillas (9 til 10 tommer)

1 kopp revet ekstra gammel cheddarost

Oliven olje

Rømme og hakket grønn løk

RETNINGSLINJER

Kombiner tomater, koriander, jalapeno, løk, limejuice og salt i en bolle.

Plasser tortillas på arbeidsflaten og hell tomatblandingen over den ene halvdelen av hver tortilla. Dryss med ost. Brett vanlig halvdel av tortilla over fyllet og trykk forsiktig for å forsegle.

Pensle lett med olivenolje og legg på smurt grill over middels høy varme.

Stek i ca 4 minutter på hver side eller til de er brune og sprø. Skjær hver i 4 kiler og pynt med rømme og grønn løk.

69. Aubergine, rødløk og geitost quesadilla

Utbytte: 4 porsjoner

INGREDIENS

4 Kryss skiver rødløk; 1/4 tomme tykk

4 langsgående skiver aubergine; uskrellet, 1/4 tomme ; tykk

Tre; (6 tommer) meltortillas

¼ kopp revet Monterey Jack

1½ kopp smuldret geitost

Salt og nykvernet pepper

1 ss olivenolje

RETNINGSLINJER

Gjør klar en kull for og la den brenne ned til glør, eller forvarm slaktekyllingen. Forvarm ovnen til 450 F.

Kast aubergine og rødløk i olivenolje og smak til med salt og pepper. Grill løkskivene 2 minutter på hver side og auberginen 1½ minutt på hver side. Sett til side Plasser 2 tortillas på en usmurt bakeplate. Fordel halvparten av ostene, aubergine og løk på hver og smak til med salt og pepper. Stable de 2 lagene og dekk med den resterende tortillaen.

Kan tilberedes på forhånd og avkjøles. Stek i 8 til 12 minutter, eller til tortillaene er litt sprø og osten har smeltet.

Skjær i kvarte og server varm.

DIPS

70. Soltørkede tomater Pålegg

INGREDIENSER

To spiseskjeer forkokte store hvite bønner

1/2 kopp valnøtter

Ti skiver soltørkede tomater

En spiseskje olivenolje eller annen olje etter valg

To spiseskjeer gresskarkjerner

Ett hvitløksfedd

Fersk basilikum, urtesalt og pepper eller andre krydder etter eget valg

VEIBESKRIVELSE

Bland ingrediensene i en blender og kjør til en jevn og kremaktig.

71. Hummus drømmer

INGREDIENSER

1 kopp ferdigkokte kikerter

1/2 kopp valnøtter

1 ts tahini (sesampasta)

1 ts spisskummen

1 ts hvitvinseddik

Salt og pepper

Fersk asparges å bruke som topping

VEIBESKRIVELSE

Bland ingrediensene i en blender og kjør til en jevn og kremaktig.

72. Quesadillasaus / dip

3 personer

5 min

INGREDIENSER

1/2 kopp majones

2 ss krem

2 ts Jalapeño (hakket)

2 ts jalapeño juice

2/3 sukker

1/2 ts spisskummen stekt

1/2 ts paprika

1/8 ts hvitløkspulver

Salt etter smak

RETNINGSLINJER

Ta en bolle og ha majones i den. Tilsett sukker og paprika

Deretter stekt malt spisskummen med hvitløkspulver og salt. Bland det og tilsett fløte litt.

Tilsett så til slutt hakkede eller hakkede jalapeños med jalapeñovann. Bland det godt

Fordel den på quesadilla tortilla samt server med den. (se oppskrift)

73. Rom-eplefyll

Gir 2 kopper (480 g)

INGREDIENSER

4 kopper (600 g) grovhakkede epler, skrelt og kjernehuset

3 ss (45 ml) vann

2 ss (28 g) smør

1 ts kanel

1/3 kopp (67 g) sukker

1/3 kopp (50 g) mørke rosiner

1 ss (8 g), pluss 1 ts maisstivelse

2 ss (28 ml) rom eller appelsinjuice

RETNINGSLINJER

1 Kombiner epler, vann, smør, kanel og sukker i en middels gryte over middels varme.

2 Rør og kok for å løse opp sukkeret. Når sukkeret er oppløst og blandingen bobler, senk varmen. Rør inn rosinene.

3 Dekk til og la det småkoke, rør av og til, i 5 minutter, eller til eplene er myke.

4 Kombiner maisstivelsen og rom- eller appelsinjuice i en liten tallerken. Rør inn i eplene, og kok i ca 1 minutt eller til eplene bobler og tykner. Sett til side av varmen og avkjøl helt før du

bruker til å fylle Mel Tortilla "Empanadas". Topp med Crème Anglaise.

74. Gresskarfylling

Gir 2 kopper (480 g)

INGREDIENSER

1 boks (15 unser eller 425 g) gresskar i fast pakke (ikke gresskarpaifyll)

2 ss (30 g) brunt sukker

1 ts malt kanel

SØTPOTETFYLL

Gir 2 kopper (480 g)

2 kopper (656 g) søtpotetmos, nybakt eller hermetisert

1 ss (15 g) brunt sukker

1 ts malt kanel

RETNINGSLINJER

1 I en middels bolle, bruk en elektrisk mikser, bland gresskar, brunt sukker og kanel til brunt sukker er oppløst og ingrediensene er godt blandet.

2 Bruk til å fylle Empanadas. Topp med Cajeta eller Dulce de Leche.

1 I en middels bolle, bruk en elektrisk mikser, bland søtpoteter, brunt sukker og kanel til brunt sukker er oppløst og ingrediensene er godt blandet.

2 Bruk til å fylle Empanadas. Topp med ananassaus.

75. Søt mascarpone

Gir 1 kopp (225 g)

INGREDIENSER

225 g mascarpone eller kremost

1/2 kopp (100 g) sukker

1 eller 2 ss (15 til 30 g) gresk yoghurt

RETNINGSLINJER

1 I en middels bolle kombinerer du mascarpone eller kremost og sukker.

2 Bruk en elektrisk mikser til å kombinere ost og sukker. For å tynne kremosten, tilsett gresk yoghurt etter behov for å oppnå ønsket tekstur.

3 Pisk til det er luftig. Avkjøl til servering.

76. Crème anglaise

Gir 2 kopper (480 g)

INGREDIENSER

3/4 kopp (175 ml) helmelk

3/4 kopp (175 ml) tung krem

4 eggeplommer

4 ss (52 g) sukker

2 ts ren vaniljeekstrakt

RETNINGSLINJER

1 Kombiner melken og fløten i en middels kjele på lav varme. Varm opp i 5 minutter eller til væsken putrer og bobler akkurat bryter overflaten. Fjern fra varmen.

2 I en middels bolle, visp sammen eggeplommene og sukkeret i 2 minutter eller til sukkeret er oppløst og blandingen er lysegul.

3 Pisk den varme melkeblandingen gradvis inn i plommene, mens du rører hele tiden. Ha blandingen tilbake i kjelen over svak varme.

4 Kok og rør i 5 minutter eller til vaniljesausen tykner og dekker baksiden av en skje. Ikke kok.

5 Fjern fra varmen. Rør inn vaniljen. La avkjøles litt.

6 Hell væsken gjennom en fin sil i en beholder med tett lokk. Dekk til og avkjøl. Serveres avkjølt.

77. Meksikansk karamellsaus

Gir 1 1/2 kopper (360 g)

INGREDIENSER

4 kopper (946 ml) hel geite- eller kumelk

1 1/4 kopper (250 g) sukker

1/2 ts natron

1 ts ren vaniljeekstrakt (sertifisert meksikansk vanilje hvis tilgjengelig)

RETNINGSLINJER

1 Kombiner melk, sukker og natron i en middels stor gryte over middels varme.

2 Kok, rør av og til med en varmebestandig slikkepott eller tresleiv, til sukkeret løser seg opp og melken blir skummende og lett, ca. 15 minutter.

3 Fortsett å koke mens du koker forsiktig, rør ofte og skrap sidene av gryten. Kok i ca 45 minutter til 1 time eller til blandingen tykner og blir gylden.

4 Rør hele tiden, fortsett å koke til blandingen er tykk. Den skal være klebrig nok til at når en slikkepott skraper bunnen av potten, forblir en "sti" åpen i 1 sekund. Fjern fra varmen. Rør inn vaniljen.

5 Overfør til en varmebestandig krukke med bred munn. Denne kan oppbevares i kjøleskap i opptil 3 måneder. Varm forsiktig opp igjen ved å plassere glasset i en kjele med varmt, ikke kokende vann.

78. Ananassaus

Gir 2 kopper (280 g)

INGREDIENSER

2 kopper (330 g) grovhakket fersk ananas eller 1 boks (20 ounces, eller 560 g) knust ananas

3 ss (42 g) smør

2 ss (26 g) turbinado eller granulert sukker

1/2 ts ren vaniljeekstrakt

Klype salt

RETNINGSLINJER

1 Kombiner ananas, smør og sukker i en middels gryte over middels varme.

2 Rør og kok for å løse opp sukkeret. Når sukkeret er oppløst og blandingen bobler, senk varmen. La det småkoke, rør av og til, i 5 minutter eller til sausen er tyknet og sirupsaktig.

3 Rør inn vanilje og salt.

4 Server varm eller i romtemperatur.

79. Frukt pico

Gir 4 kopper (560 g)

INGREDIENSER

1 halvliter (340 g) jordbær, skrellet og grovhakket, for å lage 2 kopper

1 fersken eller mango, skrellet og hakket, for å lage 1 kopp (175 g)

1 Granny Smith eple, skrelt og hakket, for å lage 1 kopp (125 g)

1 ts sitronsaft

RETNINGSLINJER

1 I en middels bolle kombinerer du hakkede jordbær, fersken eller mango og eple.

2 Kast for å kombinere. Rør inn sitronsaften. Avkjøl til du skal servere.

80. Avokado kjærlighet

INGREDIENSER

En avokado

To spiseskjeer ferskpresset sitronsaft

Salt og pepper

En klype svart salt for en smak av egg (valgfritt)

VEIBESKRIVELSE

Bland ingrediensene i en blender og kjør til en jevn og kremaktig.

81. Pimiento-pålegg til smørbrødfyll

Utbytte: 2 porsjoner

INGREDIENS

½ kopp tofu

2 ss Olje

2 ss eplecidereddik

1 ss sukker

1½ ts salt

⅛ teskje svart pepper

klype hvitløkspulver

1 pund fast tofu; smuldret opp

3 ss Søt sylteagurk relish

½ kopp Pimientos; drenert og hakket

VEIBESKRIVELSE

Kombiner de første 7 ingrediensene i en blender og kjør til en jevn og kremaktig.

Bland i bolle med de resterende ingrediensene. Best om den står i kjøleskap over natten.

82. Tofu smørbrød pålegg

Utbytte: 4 porsjoner

INGREDIENS

10 gram Fast tofu

½ grønn paprika; terninger

1 stilk selleri; terninger

1 gulrot; raspet

4 små grønne løk; oppskåret

1 ss persille

1 ss kapers

2 ss tofubasert majoneserstatning

1 ss Tilberedt sennep

½ ts fersk sitronsaft

¼ teskje pepper

¼ teskje timian

VEIBESKRIVELSE

Bland alle ingrediensene sammen og server på favorittbrødet ditt med spirer, tomater og agurker.

83. Veggie smørbrød pålegg

Utbytte: 1 porsjoner

INGREDIENS

1 pakke Fast tofu

½ kopp soyamajones

1 hver Grønn løk, i terninger

1 hver grønn paprika, i terninger

1 hver Selleristilk, hakket

¼ kopp solsikke- eller sesamfrø

1 ss soyasaus

1 ts karripulver

1 ts gurkemeie

1 ts hvitløkspulver

VEIBESKRIVELSE

Smuldre tofuen med en gaffel. Tilsett de resterende ingrediensene og bland godt.

Server på kjeks eller brød.

84. Indisk linsepålegg

Utbytte: 2 porsjoner

INGREDIENS

1 kopp kokte linser

4 fedd hvitløk; trykket

2 ts malt koriander

1 ts Malt spisskummen

½ ts malt gurkemeie

½ ts chilipulver

½ ts malt ingefær

VEIBESKRIVELSE

Bland alle ingrediensene i en liten kjele. Kok forsiktig på lav varme, rør av og til, i 5 minutter for å la smakene blande seg.

Avkjøl i 1 time.

85. Kikertsandwichpålegg

Utbytte: 4 porsjoner

INGREDIENS

1 kopp kikerter; kokt

Hvitløkspulver etter smak

3 ss italiensk salatdressing

Salt og pepper etter smak

VEIBESKRIVELSE

Mos kikerter med gaffel og tilsett krydder.

Server på ristet grovt brød med salat og tomatskiver.

86. Karribønnepålegg

Utbytte: 8 porsjoner

INGREDIENS

¾ kopp vann

1 løk; finhakket

1 kopp selleri i terninger

1 grønn paprika; terninger

½ kopp gulrot i terninger

2 Cl hvitløk; hakket

2½ ts karripulver

½ teskje Malt spisskummen

1 ss soyasaus

3 kopper kokte hvite bønner

VEIBESKRIVELSE

Ha vannet i en kjele og tilsett alle grønnsakene og hvitløken.

Kok, rør av og til, i 15 minutter. Rør inn karripulver, spisskummen og soyasaus, og bland godt.

Fjern fra varmen. Tilsett bønnene; Bland godt. Ha blandingen i en foodprosessor eller blender og kjør kort til den er hakket, men ikke purert. Slapp av.

87. Salat Sandwich Spread

Utbytte: 4

INGREDIENSER

4 soltørkede tomathalver

1 – [15,5 oz. kan] kikerter, dreneres og skylles

1 ts gul sennep

1 ½ ts varm saus

½ ts flytende røyk

1 ts tahini

½ ts ren lønnesirup

1 ½ ts redusert natrium tamari

½ ts hvitløkspulver

¼ teskje løkpulver

¾ teskje røkt paprika

½ ts havsalt

¼ til ½ kopp sylteagurk velsmak

SERVERINGSIDEER:

Strimlet salat

Skivede tomater

Ristet brød (eller wrap)

Pickle relish eller pickles

VEIBESKRIVELSE

Plasser de soltørkede tomathalvdelene i en liten bolle, dekk med kokende vann og la stå i 5 minutter for å mykne. Etter 5 minutter, fjern de mykne soltørkede tomathalvdelene (kast vannet), finhakk og legg dem i en foodprosessor.

Ha alle de resterende ingrediensene i en foodprosessor. Puls et par ganger til alle ingrediensene er jevnt fordelt.

Valgfritt: Rør inn avrent sylteagurk eller hakkede sylteagurk.

Smaktest og juster ingrediensene deretter for å passe personlige preferanser.

Server på ristet brød eller i en wrap med strimlet salat med skivede tomater.

88. Tofuna smørbrød

INGREDIENSER

8-unse pakke bakt tofu

1/2 kopp vegansk majones, eller etter ønske

1 stor selleristilk, finhakket

1 løkløk (kun den grønne delen), i tynne skiver

2 ss næringsgjær

VEIBESKRIVELSE

Bruk hendene og smuldre tofuen fint i en miksebolle. Eller du kan bryte tofuen i noen biter, ha den i en foodprosessor og pulse av og på til den er finhakket, og deretter overføre til en miksebolle.

Tilsett majones og selleri. Bland grundig. Rør inn en av eller begge de valgfrie ingrediensene. Ha over i en mindre serveringsbeholder eller server rett fra miksebollen.

89. Koriander saus

Utbytte: 3 kopper

INGREDIENS

2 medium løk(er), delt i kvarte

5 hvitløksfedd(er)

1 grønn paprika,

Kjernet, frøet, kuttet i terninger

12 cachucha paprika

Stengel og frø eller

3 ss Rød paprika i terninger

1 haug koriander

Vasket og stammet

5 korianderblader

1 ts tørket oregano

1 kopp ekstra virgin olivenolje

½ kopp rødvinseddik

Salt og pepper

VEIBESKRIVELSE

Pure løk, hvitløk, paprika, koriander og oregano i en foodprosessor. Tilsett olivenolje, eddik, salt og pepper og puré til den er jevn.

Korriger krydderet, tilsett mer salt eller eddik etter smak.

Overfør sausen til rene glass. Avkjølt holder den seg i flere uker.

90. Meksikansk grønn sofrito

Utbytte: 1 kopp

INGREDIENS

2 ss olivenolje

1 liten løk(er)

Finhakket (1/2 kopp)

1 haug med løkløk, trimmet

Finhakket

4 hvitløksfedd(er), finhakket

1 grønn paprika

Cored, seedet

Finhakket

¼ kopp koriander, hakket

4 Culentro-blader

Finhakket (opt.)

½ ts salt eller etter smak

Svart pepper etter smak

VEIBESKRIVELSE

Varm opp olivenoljen i en stekepanne med slippbelegg. Tilsett løk, løk, hvitløk og paprika.

Kok på middels varme til de er myke og gjennomsiktige, men ikke brune, ca 5 min., rør med en tresleiv.

Rør inn koriander, persille, salt og pepper. kok blandingen i et minutt eller to lenger. Korriger krydderet, tilsett salt og pepper etter smak.

Overfør til en ren glasskrukke. Nedkjølt holder den seg i opptil 1 uke.

91. svinekjøtt i meksikansk stil

Utbytte: 1 porsjoner

INGREDIENS

2 ss spisskummen; bakke

2 ss hvitløk; hakket

2 ss koriander; frisk, grovhakket

2 ss svart pepper; nysprukket

2 ss salt

2 ss hvit eddik

2 ss gul sennep

2 ss Jalapeno pepper; hakket

2 ss olivenolje

VEIBESKRIVELSE

Kombiner alle ingrediensene og bland godt. Bruk innen to dager etter tilberedning.

Gni svinerumpe med krydderblanding og røyk i $1\frac{1}{2}$ time per pund ved 240-250F.

92. Grønnsaksdip

Utbytte: 12 porsjoner

INGREDIENS

1 kopp majones

1 kopp rømme

¼ teskje hvitløkspulver

1 ts Persilleflak

1 ts Krydret salt

1½ ts dillfrø

VEIBESKRIVELSE

Bland alle ingrediensene og avkjøl. Best laget dagen fremover.

Server med rå grønnsaker: selleri, gulrøtter, agurk, paprika, blomkål, etc.

93. Vallarta dukkert

Utbytte: 16 porsjoner

INGREDIENS

6½ unse hermetisk tunfisk -- drenert

1 grønn løk - i skiver

3 ss varm chilesalsa

4 ss majones

8 kvister koriander, eller etter smak

Sitron- eller limejuice

Salt etter smak

Tortilla chips

VEIBESKRIVELSE

Rør sammen tunfisk, løk, salsa, majones og koriander i en bolle. Smak til med sitronsaft og salt; juster andre krydder etter smak. Server med chips.

Kutt grønn løk i 1-tommers lengder og sett i prosessor utstyrt med stålblad. Tilsett korianderkvister og bearbeid i 3 til 5 sekunder. Tilsett tunfisk, salsa, majones, sitronsaft og salt; puls noen ganger for å kombinere.

Smak, juster krydder og puls en eller to ganger til.

Ta ut av kjøleskapet ca 30 minutter før servering.

94. Frisk urtetomat-mais salsa

GJØR OM 3 1/2 KOPPER

INGREDIENSER

6,10-unse pakke frossen mais eller

4 aks fersk mais, kuttet fra kolben

1 stor moden tomat, i terninger

1/2 middels rødløk, i små terninger

1 jalapeñopepper, frøsådd og i terninger

3 ss balsamicoeddik

2 ss hakket fersk basilikum

2 ss hakket fersk koriander

havsalt etter smak

VEIBESKRIVELSE

Kombiner alt i en stor bolle og bland godt.

La stå i 1 time ved romtemperatur eller avkjølt for å la smakene smelte sammen.

95. White Bean Guacamole

Gir ca 3 kopper

INGREDIENSER

2 lett pakkede kopper grovhakket/oppskåret moden avokado

1 kopp hvite bønner 1/2 ts havsalt

2–21/2 ss sitronsaft

Vann, tynn etter ønske

VEIBESKRIVELSE

Ha avokado, hvite bønner, havsalt, sitronsaft og vann i en foodprosessor eller blender og kjør til en jevn masse.

Smak til med mer salt og/eller sitronsaft.

96. Søt og sur stekt paprika

Gir ca 2 kopper

INGREDIENSER

3 røde paprika eller 2 røde og 1 gul paprika

Ca 2 ss mild hvitvin eller rødvinseddik

1 fedd hvitløk, hakket

1 ts sukker Salt

VEIBESKRIVELSE

Stek paprikaene over åpen flamme på toppen av en gasskomfyr, eller under broileren.
Plasser paprikaene nær varmekilden og snu dem mens de koker, la dem forkulle jevnt.
Ta paprikaen av varmen og legg i en plastpose eller i en bolle. Forsegl eller dekk tett og la dampe i minst 30 minutter; dampen vil skille skinnet fra kjøttet av paprikaen. Paprika kan ligge i posen eller bollen til over natten.
Skrell bort og kast det svarte forkullede skallet på paprikaen, fjern deretter stilkene og frøene. Skyll de fleste små biter av svart forkullet materiale fra kjøttet ved å legge dem under rennende vann og gni her og der. Noen få flekker av svertet hud, så vel som områder med uskrelt pepper som er igjen, er greit.

Skjær paprikaen i skiver og legg i en bolle med eddik, hvitløk, sukker, en stor klype salt og ca 1 ss vann. Dekk godt til og avkjøl i minst én dag.

97. Chutney-karri sennep

Gir ½ kopp

INGREDIENSER

¼ kopp mild dijon- eller fullkornssennep med 1 kopp mangochutney

½ ts karripulver

VEIBESKRIVELSE

Kombiner alt.
Nyt.

98. Sennep med sjalottløk og gressløk

Gir ¼ kopp

INGREDIENSER

¼ kopp mild dijonsennep

1-2 sjalottløk, finhakket

2 ss hakket fersk gressløk

VEIBESKRIVELSE

Kombiner alt.
Nyt.

99. Frisk ingefær sennep

Gir ca ¼ kopp

INGREDIENSER

2 ss mild dijonsennep
2-3 ss fullkornssennep
1-2 ts nyrevet, skrelt ingefær, etter smak

VEIBESKRIVELSE

Kombiner alt.
Nyt.

100. Solfylt sennep med sitrus

Gir ca ¼ kopp

INGREDIENSER

¼ kopp mild dijonsennep

½ ts finrevet sitron- eller limeskall

1-2 ts fersk sitron- eller limejuice

VEIBESKRIVELSE

Kombiner alt.
Nyt.

KONKLUSJON

Selv om det er vanskelig å gå galt med denne retten, selv når den er i sine mest grunnleggende former, er disse quesadilla-oppskriftene de beste av de beste.

Fra reker Ceviche Quesadillas til biff Quesadillas med stekt tomatillo og eplesalsa og gresskar, eple og karamellisert løk Quesadillas, disse oppskriftene vil for alltid sementere quesadillas som din meksikanske mat.

Nyt!

www.ingramcontent.com/pod-product-compliance
Lightning Source LLC
Chambersburg PA
CBHW070643120526
44590CB00013BA/836